JN050801

不登校の歩き方

［編著］荒井裕司
［監修］小林正幸

主婦の友社

はじめに

学校は「罰を受ける場所」——かつて不登校だった青年がこの言葉を口にしたときの衝撃はいまも忘れません。「学校でやることすべてが嫌だったので、それを無理やりやらされるのが罰のように思えた」。ああ、そんな思いで学校に通っていたのか。そうまでして学校に行く意味はどこにあるのだろう。

本来、学びは楽しいものであるはずです。新しい知識を獲得し、これまでわからなかったこと、できなかったことが、「わかる」「できる」と感じられることは大きな喜びです。それなのになぜ学校が苦行の場になってしまうのか。

そんな子どもたちを応援するために何ができるのだろう。私たち「登校拒否の子どもたちの進路を考える研究会」(略称：登進研)は、1995年の設立以来、それを考え続けてきました。活動の核となるのは、保護者向けのセミナーです。毎回、講演、Q&A、体験者の話を聞く会、個別相談など、さまざまなコンテンツを用意し、参加者はすでに延べ1万人を超えています。

この本は、これら114回にわたるセミナーの記録から生まれました。不登校を経験した子どもたちやお母さん、お父さんが語ってくれたこと。Q&Aで取り上げた3500例にのぼる参加者の悩みや質問と専門家のアドバイス。それらがこの一冊にぎゅっとつまっています。

不登校に対する基本的な考え方、かかわり方、子どもをより深く理解するためのヒント、昼夜逆転やネット・ゲーム依存への対応、きょうだいへの配慮、学校とのつきあい方、発達障害と不登校、進路問題など、取り上げる内容は多岐にわたります。子どもたちの言葉からは、不登校というかたちで私たち大人や社会に向けて投げかけられた課題が浮かび上がってきます。第1章のタイトルどおり、「不登校の歩き方」は子どもの数だけあることがわかっていただけると信じています。

「このままでいいと思っている子はひとりもいない」こと、そして、

私たちは、これまでセミナーという空間で不登校の子どもたちと保護者を応援

してきましたが、それは「待ちの支援」です。待っているだけでは、どうしても届かない支援がある……。その歯がゆさから、長年、私がライフワークにしてきたのが家庭訪問です。助けが必要であるにもかかわらずSOSを発することができない人に、こちらから出向いて支援や情報を届けることを「アウトリーチ」といいますが、いまもっとも不足しているのが、こうした訪問型の支援かもしれません。学校に行けない、行かない子どもたちが増え続ける中、文部科学省もアウトリーチ型支援の充実に向けて動きはじめました。時代は変わりつつあります。学ぶ場、学び方の選択肢も広がってきました。

この本がセミナーという空間を飛び出して、いま渦中にある子どもたちと保護者のもとに届きますように。そして、子どもたちそれぞれに「自分らしい歩き方」が見つかりますように。春はもうすぐそこに来ています。

登進研代表　荒井裕司

不登校の歩き方◉目次

第2章 親の生き方、子どもの生き方 053

コロナ禍で激増した不登校——いま求められる支援とは　169

プロローグ

「不登校になることができる」という視点

よく「不登校になってしまった」という言い方をしますが、これを「不登校になることができる」と考えてみたらどうでしょうか。

「なってしまった」は、不登校を悪いことだと考えているから出てくる言葉です。しかし、「不登校になることができる」「不登校になれた」という視点で考えてみると、少なくとも3つの「いいこと」が見えてきます。

❶SOSを発信できる

「いいこと」のひとつ目は、その子がまわりにSOSを出せるようになったということです。言葉では助けを求められなかった子が、不登校というかたちをとって、「助けて！」と言えるようになった。これはとても大事なことです。なぜなら、ＳＯＳは、相手を信頼していないと出せないからです。

わが子が赤ちゃんだったころを思い出してください。赤ちゃんは、何か不快なこと、暑いとか寒いとか、お腹がすいたとか、ウンチが出て気持ちが悪いとか、そんなときには泣きます。すると、お母さんが飛んできてなんとかしてくれる。それをくりかえしているうちに、泣けばお母さんが来て快適な状態にしてくれることを学びます。そして、いつもＳＯＳに応えてくれるお母さんへの信頼感が生まれてくるわけです。

ところが、泣いても誰も来てくれない状態が何日も続くと、赤ちゃんは泣かなくなります。泣いてもしようがないからです。つらくて泣き声を上げたら誰かが助けてくれたという経験を何度も何度もくりかえしてはじめて、私たちの中に人を信頼する力が生まれてきます。

こうして最初に生まれたお母さんへの信頼を「基本的信頼感」といいますが、これがベースになって、家族以外の人への信頼感が育まれていきます。

子どもが不登校という行動で、「つらい」「苦しい」「助けて！」というＳＯＳを発信できたのは、その子の中にお母さん、お父さんへの信頼感がしっかり育っているからです。そして、「人に助けを求める力」もある。この力は、今後、子どもが社会で生きていくうえで、必ず必要になってくる大事な力です。

その子は不登校になることで、「助けて！」「お母さん、お父さんを信頼しているんだよ」と言ってくれているのです。

❷より大きなダメージから自分を守るための安全弁になる

たくさんの子どもたちと出会う中で、「もし不登校にならなかったら、この子は死んでいたかもしれない」と考えることがあります。その意味で、心から「不登校になれてよかったね」と思います。

一方、無理をして学校に行き続け、病気になったり、大変なケガを負った子がいます。うまく不登校になれないまま自分を追いつめ、苦しい現実から自分を守るために心のシャッターを閉じて妄想の世界に逃げ込んでしまう子もいます。

不登校になっていたら、そこまでいかずに済んだかもしれないと考えると、不登校は、その子を早めに救ってくれるサインであり、その子の苦しさの安全弁となって、その子を守ってくれているのかもしれません。

❸医療機関や相談機関にアクセスするための入場券を手に入れる

子どもの調子が悪くなると、「病院や相談室に連れていこうか」という話になるわけですが、逆にいえば、具合が悪くならなければ、その子は専門的な目で自分を受けとめてもらえる場には行けなかったということです。

心の中はぐしゃぐしゃでも、はた目には元気そうに学校に行っている子どもを、お医者さんに診てもらおうとは思いませんよね。不登校になったことで、その子は医師や相談員にちゃんと受けとめてもらえる「入場券」を手に入れたことになるわけです。

お母さん、お父さんにしてみれば、「不登校」はまずい問題だし、困ったことではあるけれど、実は子どもにとってはプラスの面がある。それがわかると、子どものの見方も少し変わってくるのではないでしょうか。

（海野千細）

原因がわかれば解決する？

◉原因探しは、悪者探し

子どもが学校に行けなくなったとき、まわりの大人たちは、「こうなった原因はどこにあるのか」と原因探し、悪者探しを始めます。

父親は「おまえの育て方が悪かった」と母親を責め、母親は「あなた（父親）だって、仕事仕事で家のことをほったらかしにしてきたじゃない」と切り返す。あるいは、「クラスの○○くんがいじめたから」「それなのに○○先生がちゃんと対応してくれなかったから」。対して学校側は本人要因を主張するという具合で、そこをなんとかすれば解決するという話になります。

しかし、そもそも「原因を取り除けば問題は解決する」という考え方が通用する物事のほうが実は少ないのです。

◉なぜ、いじめられていることを言わないのか

子どもがいじめられて学校に行けなくなった場合、そのことを本人はなかなか言いません。なぜなら、いじめによって友だちから「おまえが悪い」というメッセージをさんざん与えられているからです。「自分が悪い」から不登校になったと思えば、いくらまわりの人に聞かれても原因は言えません。ただし、いじめられていることを打ち明けて、その結果、その人が問題を解決してくれるという見通しがあれば話してくれるかもしれません。

いじめは学校で起きているわけですから、先生が動いてくれれば効果的ですが、そもそも「○○さんがいじめるから学校に行くのがつらい」と言えないから不登校になるわけで、先生に言ってもダメだと思えば、先生には話しません。

だったら親に言えばいいじゃないかと思うかもしれませんが、親にできるのは先生に連絡することくらいです。それを受けて先生に何ができるかと考えたとき、効果がないと判断すれば、当然、親にも言いません。

◉子どものつらさに寄り添う

学年が変わってクラス替えがあり、いじめた子がよそのクラスになったり、「いまの学校が嫌なら転校しようか?」という話になっても、原因を話してくれない子は少なくありません。思い出すのもつらいような状況では、そのつらさを取り除いてくれる人でないと打ち明ける気になれないからです。

そんなとき親はどうすればいいか。原因を過去にさかのぼって取り除くことはできないわけですから、子どもの心に突き刺さったトゲの痛みを理解しようとすること、そのつらさに寄り添うことが大切です。

「ああ、そうだったの。つらい思いをしたのね」となだめてくれ、「大丈夫、人生にはいろいろあるからね」とゆったり受けとめてくれるような相手であれば、きっと子どもはきっかけを打ち明けてくれるでしょう。

(小林正幸)

第1章

このままでいいと思っている子はひとりもいない

Episode

「いじめられてることは確かだけど、それだけが理由じゃないし……。理由が自分ではっきりわかってたら、こんなに悩んだり苦しんだりしない。」

中学2年から学校に行けなくなった女の子。

母親は、カウンセラーにアドバイスされてからは、「無理して行かなくていいよ」と言っていたが、それでもやはり気になるらしく、「どうして行きたくないの?」「またいじめられたの?」と、よく質問ぜめにしてきたという。

「どうして?って聞かれても、そんなの自分にだってわからない。それでしょっちゅう母とケンカになっていました」

学校に行くふり

1年C組
花子の保護者ですが…
体調不良で休みます～
ハァァ～
極楽極楽～
POTAT
あの…花子さん5日もお休みですが…
担任
ガーンっっ
花子！どうして？
いじめ？
勉強がわからないの？
…
理由なんかわかんないよ！
わかったら苦労しないわ！

学校は休んでいるけど、心は休めていない

学校に行けなくなったとき、親も子も悪いことをしているような罪悪感にさいなまれることがあります。昔に比べて変わってきたとはいえ、やはり、「学校は行かなければならないもの」というのが常識のようになっているからです。

子どもたちは、寝たいときに寝て、起きたいときに起きて、食べたいものを食べ、あとはゲームをやったりネットを見たりする毎日ですから、親からすれば好き勝手にやっているように見えるかもしれません。しかし、いまの生活が本当に居心地がよくて、安心していられる状態であるなら、元気が出て、家の中でじっとしてなんかいられません。

家にひきこもっていることしかできない状態というのは、やはり心の中に罪悪感、劣等感、苦しさ、悲しさ、申し訳なさを抱えていると考えるのが自然です。つまり、「学校は休んでいるけど、心は休めていない」状態にあるわけです。

（海野千細）

Episode

「学校は「罰を受ける場所」。学校でやることすべてが嫌だったので、それを無理やりやらされるのが、自分にとっては「罰」のように思えた。」

小学6年から学校に行けなくなり、中学校はほぼまるまる行っていないという男の子。小5から同級生との間で嫌な思いが続き、「相手はじゃれてるつもりかもしれないけど自分はとても嫌だったので、学校に行きたくなくなった」。

Episode

「不登校になってから いちばん言われた言葉は 「頑張れ」でした。」

中学1年から高校入学まで学校に行けなかった男の子。

「声援にも聞こえる言葉ですが、学校に行こうと思うとお腹が痛くなり、夜になると明日は行かなきゃと不安になる日々の中、頑張りたい気持ちはあるけれど頑張れない私にとっては聞きたくない言葉でした」

その後、母親と訪れた児童相談所で相談員が言ってくれた「大丈夫」という言葉に救われた。「それからも先生は、大丈夫と言い続けてくれました。あの言葉がなければ、きっとずっと頑張れと言われ続けてつぶれていた気がします」。

Episode

「それまではしがみついてでも
頑張っていたけど、しがみつくのも
すごくエネルギーが必要なので
長く続けられない。
それで疲れてしまって
一時的に休憩する。
その状態が不登校だと
思っています。」

中学2年のときに、グループ内でのいじりが自分に集中したことから、ときどき休むようになったという女の子。
「それまでは無理して通ったこともありましたが、3学期になって完全に行けなくなりました。家にいても、学校であった嫌な出来事がフラッシュバックして、記憶が飛びそうになることが何度もありました」

学校に行けなくなったときから「回復」の一歩が始まっている

登山を想像してみてください。高い山であれば、まず、ベースキャンプを設営し、さらに二次キャンプ、三次キャンプを張りながら、頂上を目指します。上に行くにつれて空気は薄く寒く食べ物もなくなってきて、このまま登山を続けたらどうなるんだろうと不安になってきます。途中で隊員の誰かが凍傷やケガで動けなくなると、二次キャンプ、ベースキャンプへと戻ります。そこで体力の回復を図り、再びトライするわけです。

◉下山する勇気

不登校の回復のプロセスを考えるとき、多くの人は再び山に登りはじめるときこそが「回復に向かうイメージ」だと考えるのではないでしょうか。それはわかりやすい解釈ですが、登山には「下山する勇気」という言葉があります。身の安全を図るために、いったん登山を休止して、二次キャンプやベースキャンプに戻る。

それも回復のプロセスのひとつなのです。

「苦しい」「助けて」→「このままじゃダメになってしまう」→だから、学校を休んで、家（二次キャンプやベースキャンプ）で体力や心の回復を図る、というわけです。それまで頑張って（無理をして）毎日登校していた子が、学校に行けなくなる、あるいはときどき休む、遅刻や早退が増えるといった、親からすれば困った事態も、そういうかたちでSOSを出せるようになったという意味で、回復に向かう一歩と考えられます。

少し元気になってくると、再び登っていくためのウオーミングアップを始めたり、登山の練習っぽいことをやりだしたり、いろいろな変化が起こってきます。このときはじめて親は「回復してきたぞ！」と喜ぶわけですが、すでに学校に行けなくなったときから回復の一歩は始まっています。

目の前でゴロゴロだらだら好き勝手なことをやっているわが子を見ていると、とてもそんなふうには思えないかもしれませんが、あとでふりかえってみると、「まさにあれは回復のプロセスだったんだ」と感じることができると思います。

（海野千細）

Episode

「普通のことができる人に、普通のことができない私のことがわかるはずがない。」

中学1年の3学期から高校1年の3学期まで学校に行けなかった女の子。

「ほかのみんなが普通に登校しているはずの時間、私にはその普通が難しく、家にいる時間が長くありました。罪悪感にさいなまれる時間……。そんな私にとって、親や友だちの支えはプレッシャーでしかありませんでした。見当違いなところに手を差しのべられ、支えられるくらいなら、弱いところがどこなのかをいちばんわかっている自分が、自分自身で補強すればいい。そう考えていました」

Episode

「いろいろな出会いを重ねるうち、自分の中の「普通」という強迫観念が薄らいでいったように思う。」

昼夜逆転、ゲーム漬けの不登校生活を送っていた男の子。

それまでずっと、「普通じゃなくてもいいんじゃないか」という自分と、「いや普通じゃないといけない」という自分との間で葛藤していたが、オンラインゲームで出会った人たちやサポート校の仲間など、人間関係が広がる中で、しだいに、「普通でなければいけない」という強迫観念から解放されていったという。

並の覚悟では不登校になれない

ちょっと変な言い方ですが、〝並の覚悟〟では不登校にはなれません。大きな覚悟をもって、子どもは「不登校」という道を選択しています。大人の目からは、「甘えている」「怠けている」と見えることもありますが、本人はほかの選択肢が見えないくらい追いつめられています。

多くの子どもにとって、「学校に行く」のは普通のことでしょう。その普通のことができない自分は普通ではないわけです。安全なレールの上を自らの意思で外れた(外れざるを得なかった)ことから、将来への「不安」におそわれます。

一方で、不登校によって嫌な出来事を避けることができた「安心感」も同時に感じてしまうのが、不登校の難しいところです。この安心感は不登校の継続要因となることもあります。学校に行けない不安感と学校を休めた安心感、相反する思いを同時に抱えている。そんな複雑な状態が、この時期の子どもの気持ちであるといえます。

(小栗貴弘)

Episode

「当時、自分がもっていた感情は、
罪悪感、悲しみ、怒り……。
このループをずっと
くりかえしているような感じでした。」

中学2年から高校1年まで学校に行けなかった男の子。その間ずっと家にひきこもり、オンラインゲームに没頭していたという。

「悲しみというのは両親の不仲に対してです。ちょうど父と母が別居したころで、親が離れ離れになるのがすごく悲しくて……。その悲しみと罪悪感は、いわば行き場のない感情だったので、それがしばしば怒りとして噴き出してきて、家の壁をなぐったり、母に当たりちらしたりしていました」

子どものこんな行動にはこんな意味がある

学校に行っていなくても、子どもは日々変化・成長しています。でも、その変化は、誰かが気づいてあげないと「ない」ことになってしまいます。日ごろの子どもの行動にちょっと意識的になるだけで、「あ、この子、ちゃんと前に進んでいるんだ」と気づくことがたくさんあるはずです。

（海野千細）

起きる時間が少し早くなった

不登校になるとほとんどの子どもは昼ごろまで寝ています。ほかのみんなが登校する時間帯がいちばんつらいので、寝てやりすごすわけです。でも、当初の混乱が一段落して、親からあまり責められなくなると、起きる時間が少し早くなることがあります。家で安心して過ごせるようになったときによくみられる行動です。

食器洗いを手伝ってくれるようになった

子どもが家の手伝いをするのは、学校に行けないことや親に心配をかけていることに対して申し訳ないという気持ちがあるから。そして、純粋に「お母さんは大変だな」「家事もパートもやって忙しいよな」という思いから、自分も少しはできることをしなきゃと思っているからです。このように人に思いをはせたり、人を思いやることができるのは、その子の気持ちが安定して余裕が出てきたあらわれです。

お風呂に入る回数が増えた

ず〜っと着替えをせず、汚れても汗臭くなっても同じジャージを着続けていた子が、ある日、起きてきたら着替えていたということがあります。それまでめったにお風呂に入らなかった子が入浴するようになったり、出がけにシャワーを浴びたり、髪を洗うようになったり……。これらは外の世界や他人の目を意識するようになったあらわれといえます。

頭痛、腹痛、発熱などの身体症状があまり出なくなった

無理をして学校に通っている時期や不登校の初期に、頭痛、腹痛、発熱などの身体症状が出る子はたくさんいますが、その多くはしだいにやわらいでいきます。それは、「行きたくない、でも行かなきゃ」とか「また親に怒られる」といった葛藤から解放され、気持ちが楽になったから。心が安定してくると、体の症状も落ち着いてきます。

アニメやマンガのキャラクターを夢中になって描いている

いま、その子が興味をもっているもの、夢中になっているものがあるということは、エネルギーがたまってきた証拠。何もかも忘れて没頭できる、楽しい、大好き！と思えるものがあることは、その子の支えになります。それが手がかりとなって外の世界とのつながりができることもたくさんあります。

新学期が近づくと不機嫌になったり、イライラする

それまで気持ちが安定していた子が、夏休みが終わる1週間前くらいから妙に不機嫌になったり、イライラして突っかかってきたりする場合は、「もしかしたら休み明けに登校しようと思っているのかも……」と考えてみてください。本気で行こうと思っているからこそ、「行って友だちに何か言われたらどうしよう」「勉強はどれくらい進んでいるんだろう」など、不安や心配がいろいろ出てきてイライラするのかもしれません。

テレビ番組を選んで観るようになった

これまではただぼーっとテレビを眺めていた子が、ニュース番組ばかり選んで観たり、深夜の海外ドラマを録画して観るようになることがあります。「テレビを見ている」ことに変わりはありませんが、「選んで観るようになった」のは大きな変化です。興味・関心のあることが出てきたのは、元気が回復してきたあらわれ。そして、関心のあることについて自分なりに情報を集めたり、考える力が育ってきたあらわれといえるでしょう。

プレイするゲームの内容が変わってきた

子どもがどんなゲームをやっているかを知っている親はそう多くありません。「ゲームはダメ」「やめさせないと」ということばかりに気をとられていると、どんなゲームをやっているのかに関心が向きません。その子の中にエネルギーがたまってくると、ゲームの内容も、戦ったり殺し合うゲームから、何かを育てる「育成系」や「なごみ系」のゲームに変わってくることがあります。ぜひ、そのあたりの変化も気にしてみてください。

靴をほしがったり、靴の手入れをするようになった

小学6年から不登校になった女の子が、お母さんと散歩の道すがらかわいいサンダルを見つけて買って帰りました。するとなぜかその日から、その子の気持ちが外の世界に向かいはじめたそうです。ある男の子が突然スニーカーを洗いはじめたので、お母さんが不思議がっていたら、それから間もなくして学校に行くようになったという話を聞いたこともあります。靴には、「新しい一歩を踏み出すこと」「歩きだそうとすること」を象徴するような意味合いがあるのかもしれません。

法事や結婚式に出て、親戚とも話ができた

家族以外の誰とも、ときには家族とすら話をしない不登校の子は少なくありません。まして法事や結婚式など親族の集まりとなると、「○○ちゃん、大きくなったね。いま何年生?」などといろいろ聞かれますから非常にハードルが高いのです。そこに行って親戚とも話ができるということは、人への恐怖感、拒否感がだいぶやわらいできたあかしと考えることができます。

部屋の模様替えや片づけをしはじめた

部屋の模様替えや、机、本棚などの整理をしはじめることがあります。これは、子どもの心が安定してきたことの象徴・反映のように見える行為です。いままでぐしゃぐしゃだった世界を、もう一度組み立て直す、整理し、構成し直すような行動ではないかと考えると、納得のいく場合が多いかと思います。

美容院や歯医者に行けるようになった

美容院も歯医者も、自分の体を他人にあずけるわけですから、相手を信頼していなければ任せられません。考えてみたら、美容院なんてハサミやカミソリなど刃物だらけです。そういう意味で、美容院や歯医者に行けるということは、メンタル面が安定してきて、人を信頼できるようになってきたことのあらわれといえるでしょう。

Episode

「スマホを取り上げられるのは、親友を奪われるのと同じ。」

高校受験で猛勉強し、大学付属の「ちょっといい学校」に入学できたが、友人関係のいざこざで1年の2学期から不登校になった女の子。

「家ではネット仲間とオンラインでおしゃべりするのが楽しみでした。ネットだと気をつかわずに済むし、ハブるとかもない。いろいろ話しているうちに同じ経験をした子がたくさんいることもわかって、自分だけじゃないんだという安心感もあった。動きだそうと決心したのもネット友だちとの交流があったから。当時の自分にとって、スマホは唯一の交流手段でした」

Episode

「もしパソコンを使えない状態にされたら、当時の僕なら狂ってしまうような気がする。」

中学2年から学校に行けなくなった男の子。

当時は漠然とした言いようのない不安と、「普通じゃない自分」に対する不安と、普通から逸脱することへの不安をずっと抱えていた。たまたまそのころに両親が離婚したことも「普通じゃない」と悩んだ。

「そんな現実を直視できず、オンラインゲームに自分の居場所を求めていたんだと思う」

Episode

「ゲームをしている時間だけは、不登校であることを忘れられる。」

中学2年の秋から学校に行けなくなった男の子。

そのころは完璧主義で、世間体を気にするタイプだったので、「学校に行かない自分は普通の人間じゃない」と自己否定していた。ゲームをやめなさいと言われると、逃げ道を奪われてしまうようで不安だった。

歴史好きで、大学では日本史を専攻。現在、不登校の子どもたちが多数在籍する広域通信制高校で社会科の教師を務めている。

「一日1時間って約束したでしょ！」は約束ではない

ゲームについて、「一日1時間と約束したのに守らない」という話をよく耳にします。では、そのルールはどうやって決めたのかというと、多くの場合、子どもがゲームばかりしているのを見かねた親が、「じゃあ、一日1時間ね！」と、いわば一方的に決めているわけです。

子どもにしてみれば、ゲームをしていないと不安でたまらないのに、その気持ちを否定され、勝手にルールを決められ、守らなければさらに叱られる。でも、ゲームをしていないとつらい、怒られるのもつらい、という踏んだり蹴ったりの状態です。

ルールを決める際には子どもの意見を取り入れ、本人が「これなら守れそうかな」という内容にすること。そして、ゲームについて話し合うときは、その子がゲームをしたがる気持ちを理解し、ゲームそのものを否定するような言い方は避けることが大切です。

（大谷早紀）

Episode

「父親に話しかけるときは「大丈夫だよ」と言ってほしいとき。」

小学校低学年のころから不登校状態が続いた女の子。

お父さんは、「学校に行きたくなければ、行かなくてもいいんじゃないか」という人で、休みのたびに海や山に連れていってくれた。

「自分に自信がなくて不安でたまらなくなったとき、父に大丈夫だよと言ってほしくて話しかけたりしました。でも、なかなかそう言ってもらえなかった」

なぜ自己肯定感が低くなるのか

よく不登校の子どもは自己肯定感が低いといわれます。しかし、「自分はダメだ」と思っているから不登校になったわけではなく、不登校になったから「自分はダメだ」と思うようになったのです。

誰かとジャンケンをして10回連続で負けると、もうジャンケンはしたくないし、自分はダメだという気分になってきませんか。たかがジャンケンですらそうですから、10日連続して行こうか行くまいか迷い続け、行きたいのに行けない自分と出会ってしまうと、「自分はもうダメだ」と思っても不思議はありません。

その結果、不安を打ち消すためにゲームをせずにはいられない状態になったり、「どうせ私なんか」という言葉で自分を保とうとしたり、人から非難されることが怖くて、少しでも自分を否定的に評価されそうになると先制攻撃をかけて身を守ろうとすることもあります。これらはすべて、「自分はダメだ」と自己否定的な言葉を自分にかけているために生じることなのです。

（小林正幸）

Episode

「自分は将来ちゃんと就職できなくてニートになるだろうから、いまから一銭も使わずにためる」と、月2000円のおこづかいをまったく使わず、ためる一方です（笑）。」

「以前は生活態度と勉強の有無に応じてこづかいの額を増減していたが、不登校になってしまい、何に応じてあげたらいいのか悩んでいる。」

セミナーで「お子さんのおこづかい、どうしていますか？」と質問したところ、多数の回答をいただいた、その自由記述欄から。ちなみに集計結果は、「月々決まった額をあげている」59%、「必要なときに渡す」21%、「あげていない」20%。

「こづかい」の効用

不登校の子どもに、「どうせどこにも出かけないんだから、お金なんかいらないでしょう」といって、こづかいをあげない家庭があります。学校に行かないことの「罰」としてこづかいを取り上げてしまうわけです。

こづかいを与えることには、子どもの存在を認め、将来の社会的自立を支えるというとても重要な働きがあります。こづかいで何を買おうかと考えることは、不登校の子に限らず、すべての子どもにとってささやかな楽しみのひとつであり元気のモトです。とりわけ学校に行けないことにひけ目を感じている子どもには、「自分の存在を認めてくれている」という親の温かさにふれる機会にもなります。また、限られた金額の中で自分の欲求をどうかなえようかと考えることは、現実の中で自分の人生をどう設計するかという社会的自立の練習でもあります。

そして、子どもの社会的自立を支えるコツとは、親が口をさしはさまず、その子のプランを尊重しようとする姿勢をもつことなのです。

（海野千細）

Episode

「起立性調節障害と
診断されています。
学校に行く気持ちはあるのですが、
朝起きられず休む、
体調が悪くて早退するという具合で、
だんだん休みが
多くなってきました。」

　高校1年の女の子のお母さん。中1のころから体調が悪く、ずっと五月雨登校が続いていたという。「このままずっと朝起きられないのかと思うと、どうしたらいいか……」。

症状をきちんと理解することが出発点に

起立性調節障害は、思春期に起こりやすい自律神経系の機能障害のひとつで、立ちくらみや失神、朝起きられない、倦怠感、動悸、頭痛、腹痛などの症状をともないます。これらの症状は、自律神経のバランスが崩れ、起き上がったときに血圧が上がらないことで起こります。

◉不登校との関係は?

起立性調節障害の症状を聞くと、不登校の子どもをもつ多くの親が「うちの子もそうかも……」と思うかもしれません。実際、不登校の3～4割にみられるというデータもあります。

しかし、不登校になったから起立性調節障害になったのか、起立性調節障害だから不登校になったのかは、「ニワトリが先かタマゴが先か」の議論と同じで、どちらが先かを追及しても、解決にはあまり役立ちません。

重要なのは、症状をきちんと理解すること、そして、症状に合わせて環境調整をすることです。

まず、その症状は「怠け」や「根性のなさ」からきているものではないということを、本人、家族、周囲の人たちが理解することが出発点になります。

実は、その子自身が「自分が悪いから朝起きられないんだ」「学校に行けないんだ」と自分を責めていることも多いのです。ぜひ、その誤解を解き、これは病気の症状であり、この症状とうまくつきあっていく方法を一緒に考えていこうね、と話してあげてください。

◉日常生活でできること

日常生活でできる工夫としては、次のことがあげられます。

❶起き上がるときは頭を上げてゆっくり
❷静止して立った状態を1~2分以上続けない
❸水分と塩分を多めにとる
❹一日30分程度歩く

学校に行かないことを責められると症状が悪化することもあり、できるだけ心穏やかに過ごすことも思いのほか大事なポイントです。

◉血圧を「見える化」する

ある家庭では、血圧計を購入して毎朝血圧を測り、その状態によって登校するかどうか、午後から行くかなど、その日の予定を立てていました。

血圧を「見える化」することで、「この血圧だと、今日は無理しないほうがいいね」と家族も本人も納得できますし、そうやって自分をコントロールできるようになると精神的にもだいぶ楽になり、親子ともに葛藤や衝突に苦しまなくなったという話も聞いたことがあります。

ストレスも大きな影響を及ぼしますので、どんな生活、どんな登校の仕方がいいのかを検討することも必要でしょう。自分を理解してくれる人がいると気持ちが落ち着きます。そんな安心できる環境でエネルギーをためることが、症状の改善にもつながるのです。

（齊藤真沙美）

Episode

「不登校をその子にとって「必要なもの」ととらえれば、親の育て方が悪いとか、原因がどうとかいう考え方にはつながらないんじゃないか。」

中学2年から学校に行けなくなった女の子。

「“原因”というと、不登校が悪いことのように思える。相談学級の卒業式で校長先生が“名誉挽回”という言葉を口にしたとき、ああ、この人は最後まで不登校のことをわかっていなかったんだなと思いました。相談学級の校長でさえそうなんだから、親を含めた大人たちが不登校をプラス要素として考えることは簡単ではないのかもしれませんが」

第2章

親の生き方、子どもの生き方

Episode

「最初はふたりしてよく泣いたね。君と一緒にひきこもりにもなったけど、このままじゃいけないと思ったから、お母さんは君より先に卒業して働きに出ます。」

セミナーで事前に募集したお母さん、お父さんからの「わが子へのメッセージ」を発表し、参加者全員でその思いを共有するという試みを行った際のあるお母さんの言葉。

「どうしちゃったのかなあ？ 小学校のときは、あんなに元気で友だちも多くて毎日楽しく学校に行ってた君が、中学に入学したとたん不登校になるなんて思いもしなかったよ」で始まるメッセージの最後は、「あせらず、ゆっくりやっていこうね!! 君のこと大好きだよ!ってこと、忘れないでね」と締めくくられていた。

太郎のやつ相変わらずの昼夜逆転か？
…そう
部屋からも全然出てこないし…
心配で食欲出ないわ～
パクパク
…
家にいてもつらいから
パートに出ようと思って…
ほぉ
……
母さんパートに出るのか…
ズズズ…
数日後

ピロン
オカン
お昼はパスタね！
もちろん自分で作るべしwww
雨降ってきた洗濯物入れて
なんだよ〜人使いが荒いな〜
ポツ
ポツ
わぁ太郎!?
すご〜い!!
きっちり
今日太郎が洗濯物入れてくれたのよ
しかもきれいに畳んで！
へぇやればできるじゃん！
オカン
昨日はありがとね！
太郎がいて助かるわ♡
今日もよろしく〜
ちぇこれじゃ自宅警備員じゃなくて
家事手伝いじゃん！

自分のために生きる

子どもが兄弟で不登校になったお母さんが相談にみえたことがあります。

お兄ちゃんが中2、弟くんが小2でした。お母さんはもともと学校の先生で、弟くんが生まれたのを機に常勤から非常勤にシフトし、その後、お兄ちゃんの不登校と家庭内暴力が起きたことから完全に仕事をやめました。

紆余曲折ありましたが、お兄ちゃんが家で落ち着いて過ごせるようになったころに、これからは少しずつ距離をとってやっていきましょうと話をしていたところ、しばらくしてお母さんが「大学院に行こうと思います」ときっぱり言われて、ものすごく驚きました。

かつて精力的に仕事をしていたお母さんだったので、わが子の不登校も経験し、もう少し教育について学びを深めたい、後進を育てられるような仕事をしたいと思うようになったそうです。お母さんはこのことを家族に宣言して、家や図書館で勉強をするようになりました。

お母さんが目標に向かって頑張る姿は、お兄ちゃんに大きな影響を与え、少しずつ彼と進路の話ができるようになりました。本人が「全日制の普通科に通うのは難しいと思う」と言うので、都立のチャレンジスクール（不登校の子どもたちを受け入れている単位制高校）を受験すると決め、お母さんは大学院を目指して、親子で勉強する生活が始まりました。

自分らしく充実した日々を過ごしているお母さんの姿は、子どもの目に生き生きと映り、安心感を与えることにつながります。

子どもが元気かどうかばかりを気にしていると、その日の様子で一喜一憂し、心が揺れて疲れてしまいます。子どものほうもそんなお母さんを見て、監視されているように感じたり、申し訳ない気持ちになって、心が重くなります。

それよりもパートに出たり、習い事を始めたり、映画やコンサートに出かけるなど、お母さん自身がリラックスできること、楽しいこと、やりたいことに向かって動きはじめることが、子どもに心地よさや頑張ろうという気持ちを与えることがあるのではないかと感じています。

（齊藤真沙美）

Episode

「行きたくない」と布団をかぶっていたら、父親に「おまえの人生は終わりだ」と言われた。

中学入学後、学力で人と比べられ序列をつけられることに嫌悪感を抱いた。親の期待も重圧になり、中1の5月から3年の終わりまで不登校になった男の子。父親に言われた言葉がものすごくショックで、いまでも忘れられないという。

「その後、父から『1週間、学校に行ったらゲームソフトを買ってやる』と言われて1週間行って、約束どおりゲームを買ってもらって、あとは行きませんでした(笑)」

Episode

「寝ている娘の手をひっぱって
無理に起こそうとしたら、
体が鉛のように重かった。
ああ、これは本当にダメなんだな、
と思いました。」

中学1年の冬、風邪をひいたことがきっかけで、2年3カ月もの間、学校に行けなくなった女の子のお母さん。

当初は親としてどうしていいかわからず、おろおろしていたが、それでも「学校に行ってほしい」という気持ちはあった。ところが、ある日、布団に寝ている娘さんの手をひっぱって無理に起こそうとしたとき、これはどうやっても行けないんだと気づいたという。

不登校の初期に親ができること

中学生以上の子どもが不登校になったとき、初期には部屋にひきこもって会話がほとんどできなくなることがよくあります。いわゆる燃え尽きた状態であり、心身ともに疲れきって、いちばん身近な家族ともかかわりを断つことでようやく安定を保っている状態です。

◉傷がついて穴の開いたカップ

この段階では本人も原因がよくわからないことが多いのですが、それは混乱していて気持ちの整理がつかず話そうにも話せなかったり、話す気力さえないからです。おそらく直接のきっかけとなった傷つき体験はあると思いますが、初期に、「何があったの?」と根ほり葉ほり問いつめるのは避けたほうがいいです。

その出来事をあらためて意識し、再体験し、言葉にすることは、非常にストレスフルで、その子をさらに傷つけることになりかねません。

心をカップにたとえると、不登校になった子はカップにたくさん傷がついて穴が開き、エネルギーがもれている状態です。傷口はほんの少しの刺激でも痛むので、外からの刺激に敏感になっていて、誰にもさわられたくないのです。

ところが、この時期は子どもと同様、親も不安だらけですから何かをせずにはいられません。不安から親が発するメッセージは、傷ついた子どもには「あなたがこんな状態だと私は困っちゃうのよ」というふうに届きます。「そんなつもりじゃないのに……」と思っても、子どもがそう受けとればそういう意味になります。たとえ口に出さなくても、子どもは親の胸の奥にある感情に反応して、「責められている」「批判されている」と感じてしまうのです。

◉その子が静かに穏やかに過ごせるように

この時期、親にできることは、とにかく刺激をしないこと、食事や睡眠など衣食住の面で快適な環境を整えることです。そうして、子どもが静かに穏やかに過ごせるよう心がけ、回復を待ってください。

次ページの図は、よく知られる心理学の考え方です。おおまかに説明すると、人の欲求には、❶生理的欲求→❷安全・安心の欲求→❸社会的欲求（所属したい・愛されたい）→❹尊厳（承認）の欲求→❺自己実現の欲求、という5段階の欲求があって、それぞれの欲求は下の段階が満たされてはじめて、その上の段階の欲求が出てくることをあらわしています。

「学校に戻りたい」という社会的欲求が出てくるためには、その下の「生

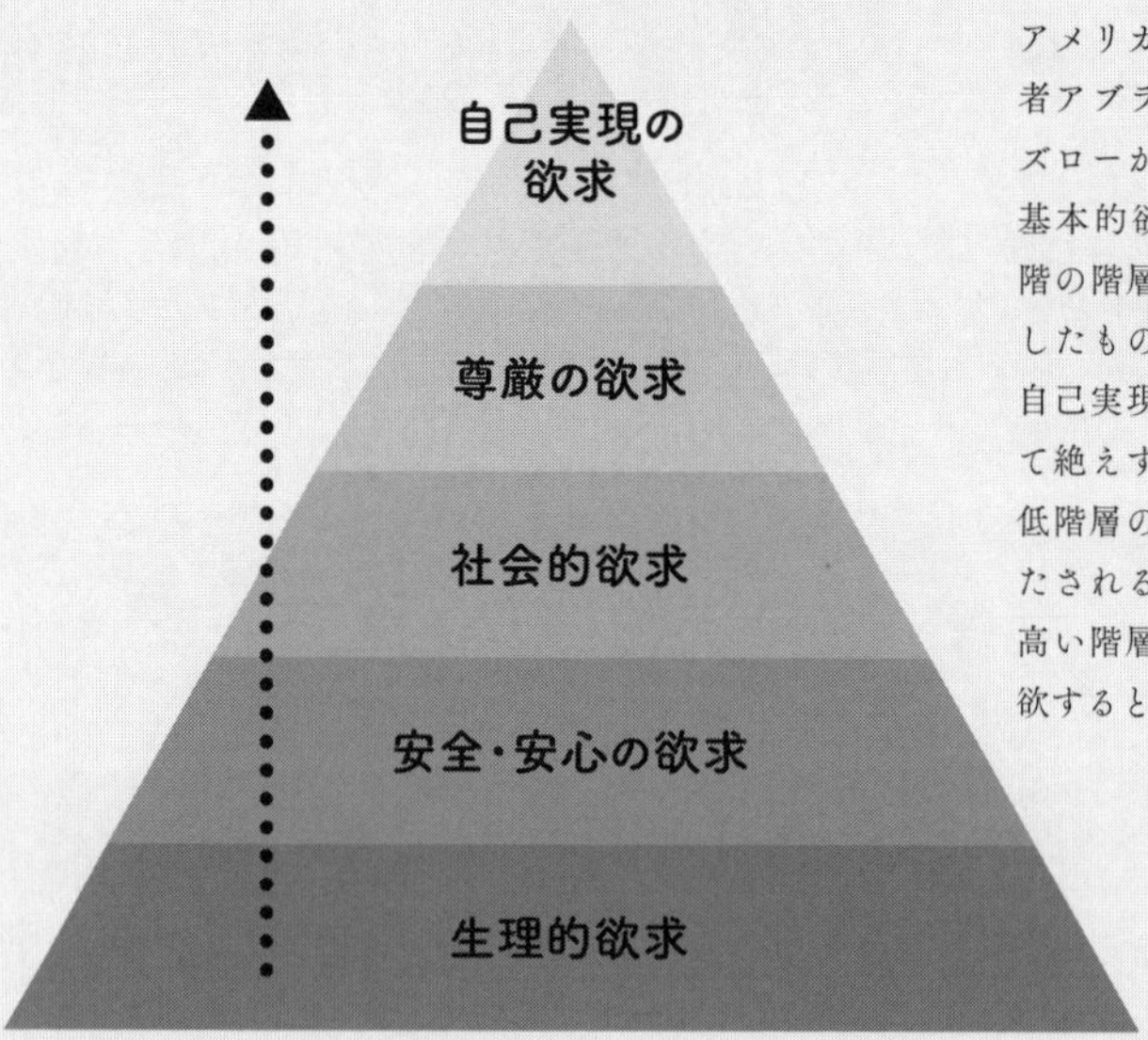

アメリカの心理学者アブラハム・マズローが、人間の基本的欲求を5段階の階層であらわしたもの。人間は自己実現に向かって絶えず成長し、低階層の欲求が満たされると、より高い階層の欲求を欲するとされる。

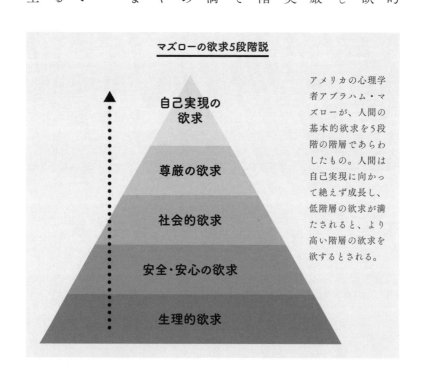

理的欲求」や「安全・安心の欲求」を満たしてあげないといけない。そこが満たされることで、次の段階、「学校という集団に入っていきたい」という欲求が芽生えてくるわけです。

「甘やかしてはいけない」「厳しくしないとズルズルと休みが長引く」と考える親がいますが、逆に、長引かせないためにも休養が第一であることが、この図からも理解できるのではないでしょうか。

◉「あなたのことを気にしているよ」というメッセージを伝える

本人が何も話さず返事もしないので、親のほうも話しかける気がなくなりがちですが、朝晩のあいさつをはじめ、返事がなくても声はかけてください。

不安や傷を刺激するような「学校どうするの？」といったことはできるだけ口にせず、本人と直接関係のない話題（天気の話、テレビ番組やペットの話など）を楽しそうに話すようにしましょう。子どもはほうっておかれたらやはり寂しいわけで、声をかけることで「あなたのことを気にしているよ」というメッセージが伝わります。

おそるおそる話しかけたり、こわごわ体に触ったりしないことも大事。「おそるおそる」や「こわごわ」は、子どもを怖がっているというメッセージになってしまうので、あっけらかんと「今日は暑くなるみたいよ。熱中症に気をつけなさいね」とポンと肩に触れるとか、そんな感じで接してほしいと思います。

衣食住についても、「あなたの体のことを心配しているよ」というメッセージを伝えましょう。食事は本人があまり食べなくてもできる範囲で用意する、快適に眠れるようにシーツなどを清潔に保つ、お風呂に入るときは「リラックス効果があるらしいよ」と入浴剤を渡すなど、言葉ではなく行為で気づかいを示します。ある程度安定してきて、本人が嫌がらなければ外出に誘うのもいいですね。

この時期、うつ病の薬(抗うつ薬)をのむと元気が出るんじゃないかと考えたりするかもしれませんが、心の傷が回復していない状況で抗うつ薬をのんでも問題は解決しません。「病院のお薬をのんでもぜんぜんよくなりません」という訴えを耳にすることも多いので、この点も頭に入れておいてください。

(霜村麦)

Episode

「この子は「心の闇」をもっていたんだ。」

友だちとのトラブルがきっかけで、高校1年の夏休み明けから学校に行けなくなった女の子のお母さん。それまではいつもニコニコ明るく、毎週末、友だちと出かけたりするような活発な子どもだったという。

「とにかく、そのときの変わりようがすごかった。髪の毛がボサボサで、人の目をまったく気にしない。何かを捨てちゃった感じがして、ぜんぜんふれられない雰囲気でした」

その後、娘さんは通信制高校に転入し、「無理にニコニコする必要はないからね」と言ってくれる教師に出会えて、「すごくうれしかった」と語っている。

Episode

「それまで「いい子」だった自分が
学校に行けないなんて
ものすごくショックだったし、
こんなことはあってはならないことだ、
早く「もとの自分」に戻らなければ、
という気持ちが強かった。」

小学5年から学校に行けなくなった女の子。

当初は、お腹が痛い、頭が痛いと言ってトイレに閉じこもり登校時間を遅らせたりしていたが、親も子も「学校は行くものだ」という意識が強かったので、「行かない」という選択肢は思いつかなかったという。

「でも行けない、どうにもならないという状況の中で、しだいに家にひきこもるようになり、担任の先生がプリントや同級生の励ましの寄せ書きなどを持ってきてくれても、それを見るだけで気分が悪くなってしまうような感じでした」

「いい子」が変わろうとするとき

「自己実現のはじまりは、悪のかたちをとってあらわれる」(『子どもと悪』岩波現代文庫)。心理学者の故・河合隼雄さんの言葉です。

大人が望むような子ども像に反するかたちでその子の個性があらわれてきて、親や先生や社会とぶつかったけれど、やがて自立したときに「あのことがあったから、いまの私がある」という宝物のような経験になっていることがあります。いまの自分にたどりつくには、「悪」や「問題」と思っていたことが、実はなくてはならないものだったというのです。

◉親を試すような困った行動

いわゆる「いい子」や「優等生タイプ」の子どもが息切れを起こして学校に行けなくなるのはめずらしいことではありません。

「もともとどんなお子さんでしたか?」と聞くと、小さいころから手がかからず、親の言うことをよく聞き、自己主張もあまりせず、友だちとも仲よくやれて勉強もできた、という子がとても多いのです。

そんな子どもがはじめて自分自身の本質的な課題にぶつかり、それを解決しようともがくとき、親にひどく手をかけさせるような困った行動が出はじめます。激しい感情をぶつけてくる、反抗的になる、荒れに荒れる、赤ちゃん返り（退行現象。95ページ参照）をするなど、「いい子じゃない自分」でいても親が見捨てないかどうかを試すような行動を突きつけてくるのです。このとき大人が、その行動を否定したり責めたりすると、「やっぱりいい子じゃないとダメなんだ」という失望につながって、解決が難しくなることがあります。

◉親は「わが子の専門家」

お母さんは、そんな子どもの要求がなんとなくわかったりすることもありますが、お父さんは「なぜこんなに悪くなってしまったんだ?」とただただ驚いて、受け入れられないことが少なくありません。

そんなとき、子どもが突きつけてくる課題にどう応えたらいいのかを親と一緒に考えてくれる人が身近にいると、親の苦しさもだいぶ軽減されるのではないでしょうか。

その子のことをいちばんわかっているのは、やはり親なのです。親は「わが子の専門家」です。そして、私たちカウンセラーは不登校の専門家です。私たちの強みは、たくさんの不登校の子どもたちと出会い、サポートしてきた経験と知識です。アイデアもいろいろもっています。

「わが子の専門家」である親と不登校の専門家である私たちがタッグを組めば、強力なサポーターになれるのではないかと思っています。苦しいとき、何をどうしたらいいかわからなくなったとき、ぜひ地域や学校のカウンセラーに相談してみてください。★

（霜村麦）

★「苦しいとき、困ったときの相談窓口」（173ページ）も参考にしてください。

Episode

「どこに行っても
「お母さんさえ
笑顔でいれば大丈夫」
と言われますが、
笑顔ももう限界です。
母親はいつも笑顔で元気じゃないと
いけないのでしょうか。」

仕事をやめ、子どもの不登校を受け入れよう、見守ろうと必死に頑張ってきたお母さん。それなのに、夫は子どものことは母親任せ、子どももずっと家でゴロゴロだらだらしているだけで何も変わらない。なぜ母親だけがいつも笑顔で元気でいなくちゃいけないの！と怒りさえ感じる今日このごろ。

ときどき行方不明になろう

お母さんが元気でないよりは元気なほうがいいかもしれませんが、不安を抱えながら、いつもニコニコしているなんて、とてもじゃないけど無理。親は神様じゃありません。頑張って元気を装っても子どもはすぐ見抜きますし、「自分のせいで無理してるんだな」と悲しい気持ちになるかもしれません。

それよりも自分の感情に素直にふるまうほうが、お母さん自身にも子どもにも無理がなくてよさそうです。怒り、疑問、あせり、不安、あきらめ、失望など、お母さんの心の中にはたくさんのネガティブな感情が渦巻いていると思いますが、たまには行方不明になるのもいいかもしれません。

スマホをわざと家に置き忘れて、いつもよりちょっと遠くへ散歩に行ったり、日帰り旅行に出かけたりする……。想像するだけでわくわくしませんか。気の置けない友人にグチをこぼす、カラオケで歌いまくる、Ｚｏｏｍ飲み会をするなど、自分の心のメンテナンスをする時間をぜひ見つけてください。

（荒井裕司）

私のストレス解消法

「あなたのとっておきのストレス解消法を教えてください」とセミナーでお願いしたところ、たくさんの回答が集まりました。
あなたの心のリフレッシュ法はなんですか？

◉仲よしの友人とのランチ、おしゃべり
◉友人に悩みを聞いてもらう
◉とにかく家の外に出て、人と話すことに尽きる!!
◉母と電話で話す
◉不登校の子をもつ親同士で話をする

◉おいしいものやちょっと高いものを食べる
◉いいコーヒーを淹れて飲む
◉お菓子を作る
◉高い食材を買い込んで料理を作る

◉散歩に出る
◉仕事に行って、家を離れる
◉ひとりの時間をもって、カフェや図書館でゆったり過ごす
◉ひとりでドライブに出かける
◉ウインドーショッピング

◉好きなアーティストのライブに行く
◉携帯に取り込んだ曲をヘッドホンでガンガン聴く
◉DVDを観る
◉入浴中にタブレットで海外ドラマを観る
◉好きなテレビを観る
◉PCゲームのスパイダーソリティアをする
◉ひとりカラオケで大声で歌う
◉「第九」を歌う!!

◉猫と遊ぶ
◉犬と散歩に行く

◉悪いことはすべて姑のせいだと思うことにしています

◉本屋さんに行って、目についた本を買って読む
◉好きな本をひたすら読んで、別の世界にひたります
◉解消法を探し中。てっとり早い方法が笑えるマンガを読むこと

◉書道に打ち込む
◉ピアノを弾きまくる
◉茶道のお稽古に行く
◉かぎ針編み

◉ジョギングをする
◉ウオーキングをする
◉ジムに行く
◉趣味のダンスに行く
◉プールで思いきり泳ぐ
◉片づけや掃除をして体を動かす

◉紙に書きちらす。自分の気持ちを吐き出すために

◉銭湯のあと、お酒を飲みに行く
◉酒を飲む(自宅で、気分よく、気ままに)

◉思いきり泣く。涙を流すと不思議とスッキリする

◉子どもの寝顔を見ながら、大きくなったなあと思うこと
◉ストレスは子どもに向けて発散しているのが現状

Episode

「再登校したらしたで、今度は「いつまた行けなくなるんだろう」という不安にさいなまれる。」

中学2年から学校に行けなくなった女の子のお母さん。

「中3になったのを機に登校しはじめたんですが、ずっと昼夜逆転だったので、朝起きられるか心配で、前の晩は眠れませんでした」

1日行き、2日行き、3日行き……、その間、お母さんは爆弾を抱えているような気持ちだったという。

「行かなきゃ行かないで不安だし、行けば行ったで気がもめる。親なんて一生こんな感じでハラハラしてるのかな(笑)」

大切なのは「一日も休まず行く」こと？

再登校のときに大切なのは、学校に「一日も休まず行く」ことではありません。休まず学校へ通うことを目標にすると、休んだ日は「負け」「失敗」になってしまい、そのことに心が折れてまた行けなくなる子も少なからずいます。

よく考えれば、「休んではいけない」と頑張り続けている状況は、その子が学校に行けなくなる前の、ギリギリのところで踏ん張っていた状況とあまり変わりません。そこでまた無理をしすぎると、電池切れになった時点で再び不登校になり、さらに自信をなくしてしまうかもしれません。

疲れた日は休み、行けそうな日は行く。無理をせず自分のペースで通う。そんなふうに考えられれば、たとえ休んでも「自分の状態を見て休むことができた」というプラスの経験になります。そうやって行ったり行かなかったりをくりかえしながら、気づいたら「最近、休んでないな」というくらいが、ちょうどいい再登校の仕方ではないでしょうか。

（大谷早紀）

Episode

「一日中ネットやゲームをしている子どもを見ると、ついカッとして暴言を吐いてしまう。そのたびに「言わなきゃよかった」と落ち込むけど、またやってしまい、ますます落ち込む。」

「この先どうなるの?と不安で不安で、子どもを励ますどころかよけい不安にさせてしまう」というお母さん。ふだん抑えていた思いが爆発して子どもを責め、われに返ると今度は自分を責める。そのくりかえし……。

Episode

「好きなことだけして、
グチばかり言って、
なんでも人のせいにして、
私を責めてきた。
あるとき、ずっと我慢していたものを
思いっきり吐き出した。」

「いったいどうしたいの？ 過去のことばかり言わないで、これからどうしたいのか言って!!」と怒鳴ってしまったというお母さん。

　これまで我慢してきたぶん、言いだしたら止まらなくなり、「自分で、マーライオンみたいだなって思いました（笑）」。

最近、バクハツしたことはありますか？

わが子の不登校にどう対応したらいいのか迷い、悩み、苦しみ、耐えきれずに感情がバクハツしてしまうのは当然のこと。子どもの不登校を経験したお母さん、お父さんに「最近、バクハツしたことはありますか？」と聞いてみました。

◉昨日は「行く」と言ったのに起きない子どもにバクハツ。「無理に行けと言わないと約束したのに」と反論してきましたが、なぜか午後から行きました（母のせいで無理に行かせてしまい反省）。

◉朝、起きてこない息子の布団を無理やりはがし、「起きなさい！ なんで起きないの!?」と叫び続けたら部屋のドアを閉めてしまったので、そのドアを外から蹴りまくりました。ようやくあきらめたのかのろのろ起きて2時間目から登校。行きたくても起きられない、それでも行くことを強要され、かわいそうに思った半面、やっと行ってくれたと、ほっとしました。

◉ゲームをやりすぎていることでつい怒ってしまった。仕事で疲れていたからだと思う。

◉夜遅くまでスマホゲームをして起きていることに、しばしば小バクハツします。子どもは「わかった」or無言で部屋に行ってしまいます。

◉休みはじめた当初、夜遅くまでゲームをやって朝起きられないときにバクハツしました。子どもはますます機嫌が悪くなり、布団にもぐり込みました。

◉中学受験で頑張っていたあなたが大好きだった！ 目標校に合格し、あの制服を着て登校していたあなたが大好きだった！ いまのあなたは大嫌い!! 死んでるのと同じよ!とバクハツして、私自身はスッキリしました。いけないことだとわかっていましたが、毎日、嫌な思いをして苦しかったから……。子どもは何も言わず、自室に閉じこもりました。

◉夫は家事を手伝わず、子どもはスマホでゲームをしている。家族がみんな好き勝手にしていることに、イラ〜〜〜〜ッとして皿を割った。

◉頑張って夕飯を作ったのに、その日の気分のおかずではなかったようで、ほとんど残したあげく、お菓子をパクパク食べはじめたので、お皿を割るくらい怒ってしまった。その後、ふて寝した私ですが、翌日の夕飯のあと(やっぱりお菓子を食べましたが)、息子がお皿を洗ってくれました。

◉子どもがイライラして暴言を吐いたとき、バクハツというよりも、とにかく悲しくなってボーゼンとしていたら、子どもがびっくりして、なぜイライラしていたのか話してくれた。いつもは子どもに引きずられて言い返すことが多いので、あせったようです(イライラの原因は高校進学について不安になっていたからとのこと)。

◉子どもが食事をとらないことが増え、不安や心配がつのって食事をしながら泣いてしまいました。2〜3時間、涙が止まらず洗面所にいると、ゲームをしながら子も泣いていました。その前日に「2学期から登校しない」と宣言されたのが、私が落ち込んだ原因です。それは受け入れたのですが……。あとで、「ちょっと寝不足で疲れててごめんね」と謝りました。

◉私はしたことがないが、妻は「朝起きない」「登校しない」と腹を立ててよくバクハツする。子どもは貝のように黙り込んで、動きも止まる。

◉バクハツしたことはある気がしますが、忘れました。

◉バクハツしないように気をつけているので、バクハツはない。しかし、我慢しているので苦しい。

◉バクハツはありません。もともと感情の起伏が激しいほうではないし、不登校を通してバクハツしてもしかたがないという考え方に慣れたので。

シングルママ、シングルパパが孤立しないために

最近、シングルママやシングルパパが「時間と生活に追われて余裕のない中で、わが子が不登校になってしまって……」と相談にみえることが増えてきました。「幼い子どもを置いて仕事に行けない」「ひとりで家にいて寂しい思いをしていないか」「昼まで寝ていて心配」という声や、「実家の援助も受けにくく、迷い事や困り事を一緒に考えてくれる人もいないので孤独を感じる」「弱音も吐けず、日々をこなすだけで精いっぱい」といった悩みもよく耳にします。

子どものほうも、「親に迷惑をかけ、悲しませている」と自分を責めたり、忙しい親を支えたい一心で親の話し相手や相談相手になることも多いようです。私自身、わが子が不登校だったころ、気づけば娘に「夫」の役割を負わせていました。たとえ夫がいても、子育てや家事をひとりでこなさざるをえない私のような〝心理的シングルママ〟も多いのではないでしょうか。

子どもにとって、両親が揃っていて一緒にいる時間が長いほうがいいとはかぎ

りません。それよりも「いまの家庭環境や限られた時間の中で子どもとどう向き合うか」が大事。「ひとり親だから子どもが不登校になったのではないか」などと自分を責めないでください。頑張っている自分をほめてあげてほしいのです。

まずは子どもの日々の成長に目を向け、わが子が心身ともに健康的な生活を送れているかだけを考えましょう。学校に行こうが行くまいが、子どもにはいいところがたくさんあります。そこをほめてください。勉強は好きな教科から少しずつでも大丈夫。頑張っているあなたをモデルにして子どもは成長していきます。

それでも苦しいとき、つらいときは「もう頑張れない。助けて」と言っていいんです。行政や民間の支援機関などに、ぜひ生活面・心理面のサポートを求めてほしい。とくに女性はひとりでちゃんとやらなきゃと思うあまり、ＳＯＳを出せない〝サイレントマザー〟★が多いと実感しています。自分のつらさを理解し共有してくれる仲間と出会えれば、前に進むエネルギーも湧いてきます。

「助けて」と声を上げ、人とつながり、そこから道が開ける。そんなシングルママやシングルパパがひとりでも増えることを心から願っています。

（後藤弘美）

★『サイレントマザー』石川瞭子編著、青弓社

Episode

「担任の先生がよく
家庭訪問に来てくれるのですが、
子どもは絶対に会おうとしません。
いい先生だけに申し訳なく、
先生が来るたびに
気が重くなります。」

セミナー後のアンケートで自由記述欄に記された、あるお母さんの悩み。

担任の家庭訪問については、そのほか、「先生が帰ったあとに子どもが大荒れする」「担任が来るだけで子どもがナーバスになるので、正直やめてほしい」などの書き込みもあった。

基本スタンスは「子どもの側に立つ」こと

熱心な先生ほどよく家庭訪問に来るのですが、このときのお母さんの基本スタンスは「子どもの側に立つ」こと。頻繁に来てくれる先生に申し訳なさを感じて学校側に立つと、子どもは追いつめられてしまいます。

「先生がせっかく来てくれたんだから……」と無理強いするお母さんがいますが、子どもは「おまえ、どっちの味方なんだ。俺を守ってくれないのか⁉」と感じるでしょう。だからといって、「家庭訪問はもうけっこうです！」とつっけんどんに断ると、学校との関係がこじれていくことも多いのです。

そこで必要になるのが、担任とお母さんとのチームプレーです。先生には少し前にひっぱる役割を担ってもらい、お母さんはわが子を守るスタンスで、協力してかかわっていく。具体的には、「先生に来ていただくのは本当にありがたいのですが、しばらくは会えそうもないので、私との連絡だけでお願いできれば助かります」と伝えておけば大丈夫です。

（小澤美代子）

Episode

「フリースクールに
通うようになったのは、
「こういう場所があるよ」と
母が教えてくれたから。
あとは私に任せて、
ほうっておいてくれたのがよかった。」

中学2年から学校に行けなくなった女の子。フリースクールの話を母親に聞いてからネットで検索し、自分で問い合わせのメールを出して通うようになった。それまで昼夜逆転の生活だったが、朝もちゃんと起きて行ったという。
「学校見学とかも、母には『一緒についてきてと頼んだときだけ来てくれればいい』と言っていました」

過保護と過干渉

過保護とは、親が子どもの手足になってしまうこと。過干渉とは、子どもの頭になってしまうことです。親が子の手足になるとは、「おやつはどこ？」と聞かれて、「○○にあるよ」ではなく、実際におやつを持ってきてあげる。子どもが自分でできるのに、かわりにやってしまうのが「過保護」です。

子どもの頭になるとは、「塾に行きたい」と言われ、「あそこの塾がいいよ」と答えたり、子が言う前に「塾行ったら？」と世話をやく。親が答えを出してしまい、子ども自身が考え、実行することをさまたげてしまうのが「過干渉」です。

子どもは、親とぶつかり、親の圧力を突き破って成長・自立していくものですが、親の圧力が強すぎると、それを突き破ることができません。反抗期の子どもが「うるせえ」「べつに」「くそばばあ」などと口にするのも、「自分のことは自分で考えるし、困ったときは助けを求めるから、それまではそっとしておいて」というメッセージなのだと思います。

（田村節子）

Episode

「中学1年の娘が万引きをした。
「どうしてこんなことをしたの？」と
聞くと、
「お兄ちゃんはいつになったら
動きだすの？
こんな家が嫌になった」と
泣かれて……。」

高校1年から学校に行けなくなって現在2年生の兄と、中学1年の妹がいるお母さん。きょうだい仲はよかったが、先日、妹が万引きをしてしまい、これからふたりにどう接したらいいのかわからなくなったという。

「スペシャルタイム」のすすめ

不登校の子どもがいる家庭で、登校しているほかのきょうだいがストレスを抱えていることはめずらしくありません。親はどうしても学校に行っていない子が気になりますから、元気なきょうだいのほうはかかわりが少なくなりがちです。

◉きょうだいにどう説明するか

そこでおすすめするのが「スペシャルタイム」です。5分だけでいいから、「ママは君と一対一で向き合うよ」という時間をつくってほしい。

そのときは、「調子はどう？」「いま、何か困ってること、ない？」といった言葉を投げかけながら話を聞きます。その際、不登校のきょうだいのことをどう説明するかですが、小中学生の子どもなら「お兄ちゃんは、いまね（「いま」という限定で話をするといいです）、学校に行きたいと思っても行けない状態なんだよ。元気になるといいね」というような説明でいいと思います。

もうひとつのポイントは、「学校に行っていても行かなくても、お兄ちゃんには、いいところや素敵なところがたくさんあるよね」と伝えること。続けて、「そして、あなたにもいいところがたくさんあるんだよね」とも。

◉不登校は、その子のほんの一部分の行動にすぎない

また、学校に行っている妹さんに対して、「お兄ちゃんの前で学校の話はしないのよ！」とか「お友だちの話はしちゃダメよ！」とか特別な注文をつける必要はありません。家庭内のきょうだい関係は、自然なままでいいと思います。

ただし、学校に行っていないことで「お兄ちゃんはダメな人間だ」など、相手の人格を否定するようなことを口にしたら、すかさず、「そういうことを言ってはダメだよ」としっかり注意してください。学校に行かないことは、その子のほんの一部分の行動にすぎません。ほかにいいところは山ほどありますから、妹さんにはそちらもちゃんと見てほしい。ということで、学校に行っている子どもにも、ぜひ「スペシャルタイム」をつくってあげましょう。

（後藤弘美）

Episode

「中2の息子と小4の娘が不登校です。兄が休みがちになってから妹も行きしぶるようになり、結局、ふたりして完全に行かなくなりました。」

私立中高一貫校で中学入学直後に学校に行けなくなったお兄ちゃんと、小3から不登校になった妹さんのお母さん。兄のときはかなり厳しく登校を促したが、妹のときはすぐに行けないことを認めたせいか、兄は妹にきつく当たることが多く、きょうだいゲンカが絶えないという。

「共働きですが、夫は子どものことにほとんどかかわってくれず、今後どうしたらいいか途方に暮れています」

きょうだいで不登校になったとき

ひとりが不登校になると、まだ登校しているきょうだいに負担がかかり、それが「きょうだいで不登校」の一因になることもあります。しかし、この妹さんにとって学校が楽しいところなら、家の状況がどうあれ学校に行きます。おそらく妹さんにも、学校での過ごしにくさや傷つき体験があったのではないでしょうか。「自分には厳しくしたのに、妹には甘い」。お母さんはお兄ちゃんのそういう気持ちをよく把握していて、お兄ちゃんも自分の気持ちをお母さんに伝えている。ここはとても重要です。

まず自分の不平不満を含めた正直な気持ちを言葉で表現できること、そして、それを親にしっかり受けとめてもらえること。そうしたやりとりをくりかえすことで、お兄ちゃんのネガティブな気持ちは徐々に落ち着いていくはずです。

もうひとつ重要なのは、お母さんがお兄ちゃんに厳しくした理由や心境を率直に伝えて謝り、「嫌な気持ちになったのは当然だよ」とその思いを認めてあげること。そのうえで、お兄ちゃんが妹さんのどこにずるさや怒りを感じているのか聞いてみましょう。その思いを否定せず、受けとめることが大切です。

◉お母さんの負担を軽減するために

きょうだいで不登校になると、学校への欠席連絡だけでも親の負担は2倍、3倍になります。下が小学生、上が中学生なら、小中それぞれに連絡しなければなりません。もし同じ学区内の小学校と中学校なら、学校側に小中で連携してほしいと頼み、どちらか一方の担任を窓口にしてもらったり、スクールカウンセラーがキーパーソンになって両校に情報を伝える方法もあります。

このお兄ちゃんは私立中高一貫校に在籍しているため、小学校との連携は難しいと思いますが、地域の相談窓口（173ページ参照）を利用すれば、相談員が私立の学校と連携をとることもできます。

すべて自分でしなければ、と抱え込まず、学校や相談機関に頼めるものは頼んで、できるだけ自分の負担を軽くするように心がけてください。

（齊藤真沙美）

Episode

「中学生の娘が
「一緒に寝て」と言うので、
夜はふたりで布団に入っていました。
それを続けているうちに
娘がかわいくなり、
自分の中にそういう気持ちが
あることに気づかされました。」

小学6年から学校に行けなくなった女の子のお母さん。娘さんは、中学2年のころから「だっこ、だっこ」とせがむようになり、それがずいぶん続いたという。

「でも、私はスキンシップが苦手だったので、娘をちゃんと抱くことができず、顔を背けるようにしていました。本当に愛情の薄い母親だったと思います」

しかし、娘さんの退行現象によって、あらためて彼女への愛情に気づいた。「私は、娘に育てられたと思っています」。

「赤ちゃん返り」で甘えてきたときは

不登校中の子どもは、さまざまな悩みや不安から、「赤ちゃん返り」（退行現象）の状態になることがあります。背もだいぶ伸びてきた中高生が、常に母親の後を追いかけたり、一緒の布団で寝たがることも少なくありません。

そのとき、「なによ、中3にもなって」と突き放すのではなく、その子の不安な気持ちに寄り添って、安心できる居場所を提供してあげることが大切です。

とはいえ、すでにヒゲも生えてきた思春期の息子と一緒に寝るなんて気持ち悪い……といった状況もあるでしょう。そんなとき、無理をする必要はまったくありません。一緒に寝るのがちょっと苦痛なら、別々の布団に寝て、手だけ握ってあげるとか、要は気持ちをわかろうとしてつきあうことが肝要です。

無理をすると必ず、「これだけやってあげたのに……」という跳ね返りがあとで来ますので、無理のない範囲で、その子の気持ちに応じられるかかわりが、そのときどきで見つかればいいのかなと思います。

（海野千細）

Episode

「いつも下ばかり向いていた娘が
上を向いて歩けるようになるまで
5年くらいかかりましたが、
その5年間は決して
無駄ではなかったし、
不登校を通して家族が
ひとつになったと感じています。」

小学4年から学校に行けなくなった女の子のお母さん。不登校を受け入れられない父親と娘の関係に悩み、自身もなかなか現実と向き合えずに苦しんだ。「でも、いまは家族の歴史始まって以来、最高にいい関係。いちばんの変化は、夫と娘が信頼しあう関係になれたこと。本当に変わったなと思います」

子どもとうまく話ができないお父さんへ

お父さんから、よく「子どもが口をきいてくれない」「娘と何を話したらいいのかわからない」と相談を受けます。お母さんからも「夫は子どもとのコミュニケーションが下手すぎる。頭ごなしにお説教したり、嫌みを言ったり、あれじゃ嫌われて当然です」とため息をつかれることもしばしば。

そんなとき、私はこんなふうにアドバイスしています。

◉大事なのは「普通の会話」

日ごろ、ほとんどかかわりのないお父さんが突然、父親の顔をして向かっていくと、「いまさら父親づらしやがって」と反感を買うことになりがちです。まずは、子どもと「普通に話ができる関係」を目標にしましょう。

基本はあいさつから。「おはよう」「おやすみ」「ただいま」など日常のあいさつを欠かさずに。返事が返ってこなくても、めげずに続けてください。

そうして一緒に食事をしたり、テレビを見たり、ちょっと世間話をする中で、お父さんは「おまえのことを怒っているわけではない」「とがめようと思っているわけではない」ということが伝わらないと、子どもとコミュニケーションをとるのは難しい。学校や進路の話題を出すのは、あくまでそのあと。普通にコミュニケーションがとれるようになってからの話です。

◉子どもに関心をもつ

「学校に行く、行かない」だけでなく、子どもが何に興味をもっているかにも関心をもってほしい。ゲームをしていたら、「どうやるんだ?」と聞いたり、一緒にやってみて、子どもがどこに面白さを感じているかわかろうとすることが大切。

中高生になるとパソコンやスマホの操作や設定など、親よりよほど詳しい子がいますから、「ここ、わからないんだけど教えてくれる?」と頼んでみてもいい。やってくれたら、「おまえ、すごいなあ」「ありがとう」の言葉も忘れずに。そこから子どもとの距離が縮まることも少なくありません。

（小澤美代子）

第3章

発達障害と不登校

Episode

「小6のときにADHDと
診断された女の子。
中学校に入学してすぐ、
クラスの男子から「キモい」と言われ、
学校に行けなくなった。
友だちが怒って抗議しようとしたが、
「大丈夫だから」と
笑顔で止めるような子だった。」

現在、中学2年。2年に進級してから一日も登校していない。

「朝起こしても布団をかぶって返事もせず、昼過ぎに起きてきて、夜中までゲームをする毎日。外出もせず、定期試験も受けず、家庭教師も塾も、自分で勉強するからとやめてしまいました」(お母さん談)

由美！
ダメ!!
うわっ！
しつけがなってないな～
スミマセン
スミマセン
バタバタ
お友だちを叩いちゃって…
先生
えーっ
今回だけじゃないんですよ！
スミマセン
スミマセン
相談室
…と小さいころからこんな感じで
とうとう学校も行きたくないって
……
一度児童精神科で診てもらっては？

発達にかたよりがありますね
ADHDの可能性が…
バタバタ
ADHD?
脳の機能の問題なので
親のしつけや育て方とは関係ないんですよ
これまで叱ってばかりいましたが…
わかってやれなかったこと申し訳なくて…
よかったです
まずは由美さんにどんな手助けが必要か考えましょう!
はい!

二次障害と不登校

ＡＤＨＤの子どもは、落ち着きなく動きまわる、注意力が散漫、人の話をよく聞かない、忘れ物が多いなど、さまざまな特徴的な症状があります。

そのため、不真面目とか、いいかげんな子などと思われがちですが、実は本人は、授業中は静かにしよう、忘れ物に気をつけよう、先生の話をよく聞かなくちゃ……と思っています。しかし、思っていてもできない。本人の努力ではどうにもならないのです。

◉二次障害って何？

発達障害は、次ページの表のように大きく3つに分類されます。

身体の障害のように一見してわかる障害ではないので、そのハンディーをまわりの人に理解してもらえないことが多く、それが本人の生きづらさ、しんどさをますます複雑にしています。

101ページの女の子は不登校状態にあります。もちろん発達障害の子どもがすべて不登校になるわけではありませんが、❶発達障害と診断された時期、❷診断後、適切な対応をされてきたかどうか、がその子の自己肯定感に大きく影響します。自己肯定感が極度に低下すると二次障害につながりやすいのです。

「二次障害」とは、発達障害による日常生活の困難さに加え、周囲の無理解によって、小さいころから「困った子」「問題児」として叱責されたり否定的な評価をされ続け、その結果、自尊心が低下したり、集団から孤立し、人とか

発達障害の特性	
自閉スペクトラム症 (ASD)	▶社会的なコミュニケーションや対人関係の困難さ ▶行動・興味のかたより、反復行動 ▶感覚に関する過敏さ、または鈍感さ
注意欠如・多動症 (ADHD)	▶不注意(集中できない) ▶多動性(じっとしていられない) ▶衝動性(思いつくと行動してしまう)
学習障害 (LD)	▶読字障害(ディスレクシア) ▶書字障害(ディスグラフィア) ▶算数障害(ディスカリキュリア)など

かわれない、学校に行けないといった問題が二次的に起こることをいいます。

この女の子は小6で診断を受けていますが、逆にいえば、小6まで適切な対応をされてこなかったわけで、おそらく多くの傷つき体験をしてきたと思います。そのうえ中学校入学直後に男子から「キモい」と言われ、それまでなんとか頑張ってきた心のつっかえ棒がポキッと折れてしまったのでしょう。

◉自己肯定感を高めるには

解決のカギは「自己肯定感」にあります。自己肯定感がひどく低下した状態では、どんな支援の手も本人には届きません。

この子は、もうこれ以上自分のカッコ悪い姿を見られたくないし、だから外出もできない。家庭教師や塾にもかかわりたくない。ダメな自分に向き合いたくないからゲームに逃げ込む。なんとかして自己肯定感を上げてあげなければ、この子は身動きがとれません。

小中学校にはスクールカウンセラーがいますし、校内に相談員を配置している自治体もあります。家から出られない場合は、スクールカウンセラーや相談員が家庭訪問をしてくれるので相談してみるといいかもしれません。

塾も家庭教師もやめてしまったので、現在、この子と外の世界をつなげてくれるキーパーソンがいません。家庭訪問で劇的に何かが変わるわけではありませんが、そこで関係がつくれると、別室登校（相談室登校や保健室登校など）や教育支援センター★（適応指導教室）などにつながる可能性もあります。

相談室や教育支援センターに週に何回かでも通えるようになって、人と話す機会が増えてくれれば、対人関係や学校生活への抵抗感も少しずつやわらいでくるでしょう。

（小栗貴弘）

★教育支援センター――不登校状態にある小中学生（一部高校生も）が、仲間と一緒に学習や体験活動に取り組めるよう教育委員会などが設けた公的施設。多くの施設では、子ども本人や保護者に対するカウンセリングも行っている。教育支援センターに通うと、在籍校の校長の裁量により「出席扱い」とすることができる。

Episode

「幼いころ、自閉傾向があると診断されましたが、小学校に入学してからはLD、中学生になったらLDをあわせもつADHD、そして昨年は軽い自閉スペクトラム症と、そのたびに違う診断名がつけられました。」

17歳の男の子のお母さん。幼稚園では毎日11時半になると教室を抜け出してしまうので、「11時半の男」と呼ばれていたと笑う。小学校では算数が大の苦手。ある日、「10円ちょうだい」とねだるのでなんだろうと思ったら、神社に行って賽銭箱に10円玉を投げ入れ、「算数ができるようになりますように！」と祈っていた。「それからは、診断名なんてどうでもいい、この子がこの子らしく楽しく暮らしていければそれでいい、と思うようになりました」。

太郎は太郎

「発達障害」と診断されたり、「ＨＳＣ（１２１ページ参照）の子どもは……」「不登校の子どもは……」と医師やカウンセラーからその子の特性を指摘されると、「ああ、うちの子は〇〇なんだ」と思うのはべつに悪いことではありません。

しかし、うちの子は発達障害だから、「こうしてあげないといけない」「これはしちゃダメ」と思ってかかわるときは、その子を「発達障害の子ども」というとらえ方で見ているわけで、わが子をそのまま見ていることにはなりません。

私の子どもは私の子ども、太郎は太郎なんです。

「発達障害だから」「不登校だから」という接し方は、当初、適切な接し方が身についていないうちは、それを意識することも大事ですが、身についてきたら、早めに「太郎は太郎」「うちの子はうちの子」「うちのルールはうちのルール」という考え方で接してほしいと思います。

（小林正幸）

Episode

「発達に問題があるせいか、
人とうまくかかわれません。
大人とは平気で話すのに、
同世代の子は苦手。
友だちはいらないと言いつつ、
「友だちがほしい」と
本音をもらすときも。」

私立中学に入学したとたん新型コロナウイルスの感染増加で休校になり、家にひきこもるようになった男の子のお母さん。その後、分散登校が始まったときにはなんとか通えたが、本格的に授業が再開すると完全に行けなくなった。

「入学したばかりで友だちがいないのがつらかったようです。友だちづくりが下手で、とくに同世代の子が苦手。小学校のころは友だちもいたのですが……」

本人のしんどさを受けとめることから

発達障害の子どもたちの中には、対人関係が苦手な子が少なくありません。この男の子も、集団生活を求められる学校で、過ごしにくさ、やりにくさ、しんどさを感じていたのでしょう。

中学進学という環境の変化、新しい人間関係、急に遠方の私立中学に電車で通うことになったのもきつかっただろうと思います。コロナ禍による入学当初からの休校も、イレギュラーな出来事が苦手な子どもには戸惑いが大きかったのではないでしょうか。

発達障害の子どもには、ゆっくり時間をかけて新しい環境に慣れていく「トライアル期間」が必要です。その間に自分なりの対処法を身につけられるといいのですが、休校でそのチャンスも奪われてしまいました。

「分散登校のときは通えた」という話はよく耳にしました。コロナ禍で心に負荷のかかった子どもたちにとって、少人数での分散登校はいつもより刺激が少ないため不安もあまり大きくならずに通えたようです。ところが通常どおりの授業が再開すると対人関係も授業も含めてうまくやっていくのがしんどくなり、再び通えなくなった子もいました。

対人関係について「大人とは平気で話す」とありますが、発達障害があって人とうまくかかわれない子は、とくに同世代との関係が苦手なようです。

年上や年下の人とかかわるときは、自分のポジションがはっきりしているのでやりやすいのですが、同世代となると対等なので、場面によって立場がめまぐるしく入れ替わったり臨機応変さが求められるため難易度が高いのかもしれません。

◉自己理解を深め、対処方法を考える

親のかかわり方としては、まず「大変だよね」「しんどいよね」と、本人の感じている不快感を受けとめることから始めましょう。

この子は「友だちはいらない」と強がっていますが、「友だちがほしい」と本音をもらすこともできていて、お母さんといい関係が築けていることがわかります。

中学校に入学して、どんなことが大変だったか、しんどかったか。その子の思い

を理解し、親子で共有することができればもっといいですね。

友人関係については、中学校の友だちにこだわる必要はないと思います。小学校のときの友だちと連絡を取り合ったり、同じ趣味や興味・関心をもつ人と関係を築いていくこともできるでしょう。

ある男の子は、クラスメートと関係を深めていくことができずに悩んでいましたが、将棋が大好きだったので中学校の将棋部に入り、そこで何人かいい友だちが見つかりました。こんなふうに、その子にとって不快感の少ない心地よい関係がもてるようになると、そこからさらに人間関係が広がっていきます。

あわせて、「どんな状況なら安心して過ごせるか」「どんな状況が苦手か」「どんなことに苦痛を感じるのか」「どこで、誰とならかかわりやすいのか」を子どもと話し合って整理すると、その子なりの自己理解が深まり、苦手な状況への対処方法を自分で考えられるようになっていきます。

（齊藤真沙美）

Episode

「毎朝いったん家を出るけれど、
「学校無理」
「気持ちを整えて途中から行く」と
すぐに戻ってきてしまう。
自転車で家を飛び出して戻らず、
警察に保護されたこともある。」

「自閉スペクトラム症に一歩足をつっこんでいる感じ」と医師から言われた小学3年の女の子のお母さん。公園で思いっきり遊ぶと気持ちが切り替わって登校する日もあるが、休むことが多く、家での過ごし方に困っている。

好きなことから可能性を広げていく

自閉スペクトラム症の子どもたちは、全体的な知的能力に遅れはありませんが、人とのコミュニケーションや、状況を理解したり空気を読むことが苦手で、こだわりが強いため、学校生活にやりづらさを感じることがたくさんあります。

◉自転車はこの子なりの対処法

この子は自分のことをよくわかっています。「学校無理」「気持ちを整えて途中から行く」なんて小3でなかなか言えることではありません。お母さんも、この子が「思いっきり遊ぶと気持ちが切り替わる」ことを理解しています。このように「○○すると学校に行きやすい」「○○すると気持ちがスッキリする」という対処方法の知恵は、ぜひ親子で共有してほしいと思います。

自転車については、私の経験からいうと発達障害傾向のある子どもたちの一部に自転車が非常に好きな子たちがいるように思います。6キロ離れた店まで自転車を飛ばしてケバブを買いに行ったり、放課後に学童保育に行くはずが、「今日は探検するから」と帰ってしまい、近所を自転車で走りまわっているところを先生に発見された男の子もいました。

疾走感や風を切って走る感じが好きだったり、何かを切り替えたり気分転換をするときに自転車を使っているような子もいます。つまり、その子なりの「対処方法」です。これを生活にうまく組み込んでみたらどうでしょう。

発達障害傾向のある子どもの中には、運動でストレスを発散すると落ち着いて過ごしやすくなる子がいます。ある小1の女の子は、夜も目がらんらんとしてなかなか眠れないタイプでしたが、毎日、近所の神社へ行ってひとっ走りするようになってから、よく眠れるようになりました。小3の男の子は、学校から学童保育に行ってもしばらくは落ち着かないので、校庭を走って一周してから学童に行くようにしたら落ち着いて組み立て玩具などで遊ぶようになったそうです。

◉その子に合わせたスケジュール表を作る

その子に合わせてカスタマイズしたスケジュール表を作ると、見通しがもてて取り組みやすい場合もあります。好きな授業だと行きやすいのであれば、月曜日はその授業に出るために朝ちょっと公園で遊んでから学校に行き、給食を食べたら帰ってきて、その後は決められたコースを自転車で走る。

自転車で走るときは、何か目的をつくることをおすすめします。コース中のどこかで写真を撮ってくる、途中の家にいる大好きな犬をよく観察してお母さんに報告する。それができたらスケジュール表にシールを貼る。

スケジュール作りで学校と連携をとれるともっといい。小学校で登校しぶりがある子と一緒に一週間の時間割を作ったことがありますが、図工が好きだったので、図工の授業は先生の空き時間に個別に見てもらうことにしました。

ゲームが好きな子は、「ゲームに勝つためには計算ができたほうがいい」とわかると、さっそく算数の勉強をやりはじめたりします。そんなふうに勉強が「何かをやりたいための手段」になってくると思いのほか効率よく習得できたりするので、まずは好きなことから可能性を広げていくといいのではないでしょうか。

（齊藤真沙美）

Episode

「担任の先生が下校時に
「まっすぐ帰りなさいね」と言ったら、
「まっすぐなんて帰れないよー！」と
パニックになり、
翌日から登校をしぶるようになった。」

自閉スペクトラム症と診断された小学3年の女の子。慣用表現やあいまいな言い方が苦手で、なんでも言葉どおりに受けとって混乱することが多い。お母さんに「ちょっと待っててね」と言われると困惑し、「ちょっとってどれくらい？」「何秒？ 何分？」と納得できるまで聞き続けることもあるという。

具体的な表現に言い換える工夫を

発達障害のある子どもたちの中には、この女の子のように、「まっすぐ」を言葉どおりに受けとってパニックになったり、「ちょっと」「もう少し」といったあいまいな表現を理解することが苦手な子もいます。

そんなときは、「ちょっと待って」ではなく、たとえば、「あと2分待ってね」というように、具体的な時間を言ってあげるといいでしょう。

同時に複数のことをこなすことが苦手な場合もあります。

彼らにとっては、学校で先生が黒板に書いたことをノートに書きうつすだけでも大仕事です。❶先生が黒板に書いたものを目で見て、❷それをノートに書きうつしながら、❸先生の話を聞く、という3つのことを同時にやらなければならないからです。これがどうしてもできない子もいます。

（佐藤有里）

Episode

「音や光に敏感な小5の男の子。騒がしい場所が苦手で、小3の秋、運動会後にパタッと行けなくなった。」

小学1年のころから行きしぶりがあり、それでも小3の1学期までは頑張って登校していたが、秋の運動会後に行けなくなった。

小5の現在はときどき母親と一緒に放課後登校をして、担任に宿題などを見てもらっている。学習意欲はあり、自宅で進んで宿題もする。

感覚過敏の子をどうサポートするか

感覚過敏は、この男の子のように音に敏感な「聴覚過敏」や光などに敏感な「視覚過敏」のほか、においに強く反応する「嗅覚過敏」、衣服などに肌が触れたとき痛みに近いものを感じたりする「触覚過敏」などがあります。

感覚過敏のある子どもたちは、大きく2つのパターンに分けられます。

ひとつは、「自閉スペクトラム症」とよばれる発達障害の特性からくるもの。もうひとつは、HSC(Highly Sensitive Child＝人一倍敏感な子)によるものです(発達障害とHSCが重なっている場合もあります)。

感覚過敏があることから、この2つは混同されることがありますが、自閉スペクトラム症の場合はコミュニケーションの難しさがあり、相手の感情を読みとりづらいのが特徴です。一方、HSCの場合は、むしろ相手の感情がわかりすぎて、相手の感情を自分の感情のように感じてしまい、不安になったり、身動きがとれなくなることもあります。

◉その子が過ごしやすい環境を把握する

この男の子はＨＳＣのような過敏さが特徴的で、共感性が高いために気をつかいすぎてつらくなることが多いように思います。運動会などの行事はふだんより神経をつかうので疲れ果ててしまったのでしょう。そういう敏感さに配慮して、登校に向けた環境整備を考えることが第一です。

まずは、「どんな環境なら過ごしやすいのか、過ごしにくいのか」を本人に確認すること。音に敏感ですから、音楽の授業やクラス全体で話し合う時間、班活動などはかなり疲れるはずです。

その中で本人が登校しやすい時間や活動を選んで短時間の登校からスタートし、実際に行ってみて、「疲れの度合いはどうか」「どの活動ならできそうか」「何分いたら無理になりそうか」を確認し、整理します。

この子の場合、同級生が30～40人もいる教室で過ごすのは負担が大きすぎるので、保健室や相談室などに「別室登校」するか、各自治体にある「教育支援センター」（107ページ参照）も少人数でこぢんまりしたところが多く、中学生になっても利用できるので、選択肢として検討してみてください。中学校進学にあたっては、この子の特性を学校側に十分に理解してもらい、どんな登校の仕方ができるのかを話し合うことが大切です。

学習意欲があることは大事な要素です。この意欲がそがれることのないように、家庭学習も含めてどんな環境なら学習できるのかを確認し、学習できていることについてはプラスの評価を伝えながら進めていきます。

◉自分の特性を理解する手助けを

そろそろ思春期に入るので、本人が自分の特性を理解することも重要になってきます。自分が苦手なこと、苦手な環境をもう一度整理し、自分が過ごしやすい環境を自分で選べるように、さまざまな情報提供を行うことも大切です。

最近はサポートツールなどもかなり普及してきました。ヘッドホン型の「防音イヤーマフ」は聴覚過敏の人向けで、不快な音を遮断する機能があります。視覚過敏の人は、光のかげんを調整できるサングラスをかけると光の刺激が軽減される場合があります。これらのツールも上手に利用しながら、安心して過ごせて、疲れをため込まない環境を整えていくことが大切です。

（齊藤真沙美）

Episode

「私を笑う人がいる、
悪口を言う人がいる。
勉強はできないし、
人づきあいも下手。
なんにもできないダメダメ人間だ。」

軽い発達のかたよりがあり、勉強でも友人関係でもちょっとしたことでつまずきやすく、小学6年の9月から学校に行けなくなった女の子。

中学校に入学後、「私を笑う人がいる」「悪口を言う人がいる」と言いはじめ、再び不登校に。うつ症状があり、精神科に通院中。最近は表情が明るくなってきたが、「自分はなんにもできない。ダメダメだ」と落ち込むことも多い。

親がベースキャンプになる

発達障害の子どもは傷つくことが人よりも多いために、自分を守ろうとして、相手のささいな言動にも過剰に反応し、「私を笑っているんじゃないか」「責めているんじゃないか」など、被害的な受けとり方をする傾向があります。

そんなとき親は、その子を励まそうとして、本人の不安な気持ちを「そんなことないよ」「大丈夫だよ」と否定しようとします。

しかし、ここで大事なのは、子どもの不安や恐怖、怒りなどの感情を否定せず、しっかり受けとることです。そして、揺れずに逃げずに受けとりきる、徹底的に子どものつらさに寄り添う。親にとっては非常に厳しくつらいことですが、これがもっとも本質的な「子どものメッセージの受けとり」という作業です。

幼いころ、子どもは何かにおびえて、お母さん、お父さんに「怖い！」と訴えることがあります。そのとき子どもは「怖い」という自分の感情を表現し、それを親にきちんと受けとめてもらうわけです。するとだんだん落ち着いてきて、新しいことに興味が移り、また外の世界へ探検に出ていきます。

こんなふうに、子どもは親（が受けとめてくれること）をベースキャンプにして自分のネガティブな感情に少しずつ折り合いをつけながら、外に出ていく強さや自信を身につけていきます。

そのために親として必要なのは、安定した存在であること。とくに親が自分の弱さやダメなところを笑って話せるようなあっけらかんとした安定感や強さを示すことができると、子どもにとって非常にいいモデルとなります。

もうひとつ、発達障害の子どもたちに欠かせないのは、本人の得意、不得意のバランスをしっかり理解し、配慮して働きかけてくれる支援のプロとつながることです。この女の子はいま勉強のことや対人関係スキルの不足など、自分の不得意なところを痛感しているまっ最中ですから、地域の教育センター（173ページ参照）や通級指導教室（132ページ参照）の先生などの助けを借りながら、そうした配慮のある居場所、学びの場を見極めていくことが大切です。

（霜村麦）

きちょうめんで真面目な子どもたち

発達障害のある子どもたちの中には、好きなことには寝食を忘れて熱中するけれど、それ以外のことはまったくやる気にならないというように、興味のあるなしで行動に違いが出てしまう場合があります。

柔軟性の乏しさが課題になる子どももいます。これは行動面でも思考の面でもみられますが、いつもとちょっと違うパターンになると調子がくるってパニックになったり、機嫌がとても悪くなってしまう、というような場合です。近所のスーパーに行くときに、いつもと違う道を行こうとすると、「こっち！」と譲らず、困ってしまったという話を保護者から聞くこともよくあります。

いったん何かを思い込むと、そこから頭を切り替えることができなかったり、発想の転換ができない場合もあるかもしれません。規則や決まり事、約束などは非常にきちょうめんに守りますが、きちょうめんすぎて例外を認めることができなかったり、ちょっとしたミスも許せず、自分で自分を追い込んでしまう場合もあるかもしれません。「完璧主義」に見えることもあるでしょう。

◉短所は長所、弱みは強み

これらの特徴は、裏返せば長所にもなります。興味のあることにずっと集中していられるエネルギーは驚くほどです。思考や行動に柔軟性が乏しい場合も、逆にいえば、いつもと同じパターンを保つことができれば力を発揮できる、安心して過ごせるという強みになるかもしれません。

決まりを忠実に守るのも、もちろん長所になり得ます。発達障害のある子どもは真面目な子が多く、たとえば、はたからは嘘をついているように見えても、本人には嘘をつこうとか、相手をだまそうという気はぜんぜんないこともよくあります。仮に「嘘」をついたとしても、先生から怒られてどうしたらいいかわからず、思いついたことを言ってしまったとか、その場しのぎの「嘘」が多いように思います。その背景には、説明する力や援助要請スキル(困ったときに人に助けを求めるコミュニケーション能力)の弱さ、不足が隠れている場合もよくあります。(佐藤有里)

Episode

「幼いころから問題の多い子で、
中2のときに自閉スペクトラム症と
診断された。
高校入学後もトラブルが続き、
再び不登校に。
「もう、うちの学校では
面倒をみきれない」
と転校を迫られている。」

「小学校時代は友だちを叩いたり泣かせたりして、よく学校に呼び出された」というお母さん。成績は上位。口も達者でクラスメートをやりこめるのが得意。中2から不登校になったが、担任のきめ細かな配慮もあってなんとか卒業。しかし、高校入学後1カ月足らずで、再び不登校になる。

ゴールは高校進学ではなく、社会に出ること

「自閉スペクトラム症」とは、自閉症、アスペルガー症候群、広汎性発達障害などが統合されてできた診断名です。多動性、落ち着きのなさなど、発達障害の子どもたちにみられる身体的な特徴は15歳前後にはおさまってきます。しかし、本人がもともともっている認知特性や衝動性の高さなどは残っているため、特定のものごとに強いこだわりがあったり、相手の話を聞かず一方的にしゃべりまくるような子もいます。そのため対人関係の上手なつくり方（ソーシャルスキル）が身につかないまま、高校生になってしまう場合もあります。

いまは小中学校だけでなく高校でも、発達障害の子どもが通常学級に在籍しながら別室でソーシャルスキルなどを学ぶ「通級指導教室★」が設置されているので、なかには全日制普通科高校に入学し、うまく学校生活になじんで卒業できる子もいます。しかし、それは二次障害（104ページ参照）が軽い場合であって、そのような環境や条件が必ずしも整うとはかぎりません。それを期待して全日制普通科

高校を受験させることはかなりのリスクをともないます。しかも高校では、中学校のように親身な対応は期待できず、かかわる先生の数も少なくなります。

ゴールは高校進学ではなく社会に出ることです。社会に出れば、接してくれる大人の数は高校よりさらに減り、複雑な状況の中でいろいろなことに対処しなければなりません。障害が比較的軽い子の場合も、逆に「頑張ればできるだろう」といった誤解をされがちで、周囲のサポートを受けにくい状況があります。

では、どのような高校で社会的なスキルを身につけるか。まず、公立では「特別支援学校」があります。ただ、ここ20年ほどで入学希望者が急増し、なかなか入学できないのが現状です。一方、「通信制高校」や「サポート校」（163ページ参照）では、専門的な知識・技術を身につけたスタッフを揃えて、発達障害の子どもたちを受け入れているところが増えてきました。

◉進路選択の４つのポイント

発達障害の子どもたちの進路を考えるとき、次の４つがポイントになります。

❶少人数（個別学習も含めて）による学習スタイルをとっている
❷発達障害への理解があり、指導のノウハウがある
❸学力だけでなく、社会性を育むトレーニングや就労を見通した指導ができる
❹欠席に寛容

不登校状態にある発達障害の子どもたちは、休まず通い続けることが難しいこともあり、とくに「❹欠席に寛容」は重要です。義務教育とは違って高校からは、遅刻や欠席、トラブルなどで在籍できなくなる可能性があるからです。

その意味でも出席日数にとらわれない通信制高校やサポート校は重要な選択肢になりますが、校風や支援体制などもさまざまですから、学校説明会などに実際に出向いて詳しい情報を収集することをおすすめします。

（霜村麦）

★通級指導教室――発達障害、情緒障害、肢体不自由などのある子どもが障害に応じた特別な指導を受けられる教室。ふだんは在籍校の通常学級で授業を受け、通級指導教室の時間だけ、その教室が設置された学校（同じ学校内に設置されている場合は別室）に移動する。

発達障害の子どもたちの進路を考えるときのヒント

私は視力が弱くて、いつでもどこでもめがねが欠かせません。めがねがないと日常生活にさまざまな支障が出てきます。しかし、めがねは簡単に手に入るので何不自由なく生きていけます。

発達障害の子どもたちには、このめがねに相当するサポートがほとんどありません。認知にかたよりがあったり、能力にバラつきはあるけれど、いい面もたくさんもっています。しかし、それらを生かしきれず、失敗ばかりが目立って、傷つき、生きにくさを感じています。彼らにとっては勉強よりも何よりも、人間関係づくりのスキルや生きるための処世術を身につけることが重要です。

発達障害の子どもたちの中には、高い理想をもち、高校、大学を経て、いい企業に就職したいと考えている子もたくさんいます。理想をもつのはいいことですが、現実とのギャップが大きすぎて身動きがとれなくなってしまうことも少なくありません。

◉身近な目標、中間目標、遠い目標を決める

そんなときは、まず「遠い目標」があり、「中間目標」があり、「いちばん手前にどんな目標があるか」を図式化して示すようにしています。

こんな会社に入って、こんな職種に就きたいという目標があるなら、そのためには、まず〈大学に行かなければいけない〉→〈大学に行くためには高校に行かなければいけない〉→〈いまの学力では行ける高校が限られているけれど、高校で頑張ればいい大学に行けるかもしれない〉→〈だから自分が頑張れる高校を探すことから始めよう〉というように、「遠い目標」から逆算して、では、いま何をすればいいのかという「身近な目標」について説明するわけです。

たとえ二次障害などによって自尊心が傷ついていても、こうした作業の中で歯車が好転しはじめると、「どうせ僕なんか……」というマイナス思考から抜け出し、遠い目標を現実のものとするため、いまの自分に合った目の前の目標を選び出す力がついてきます。

（霜村麦）

第4章

「入れる」より「通える」を大事にした進路選択

Episode

「いまの学校は嫌いだ」
「自分で選んだ学校じゃない」
と登校しなくなった。
「じゃあ、どうしたいの？」と
聞いても涙ぐむだけ。
転校の話も
「公立とかありえない」と拒否。

私立中高一貫校に入学後、勉強でつまずき、中学1年の6月から不登校になった男の子。ひどく自信を失っている一方で、プライドが高く、「レベルの低いところには行きたくない」と言い張る。

入ってしまえば楽だから

GW明け
もう行かない！
健太⁉
学校やめる！連絡して〜!!
あんなに頑張ったのに
ママが…
もったいない〜
お金が…
ボクは地元の中学に行きたかったんだ!!
夏
健太、そろそろ学校どう？
地元の中学に転校するのもありよ！
ムリ！
私立の落ちこぼれって言われるに決まってるじゃん
もう〜
どうすればいいの〜!!
不登校児の母

子どもと進路の話ができないとき

誰にも人生のつまずきというか、「あのときは大変だったな」という時期があると思います。そのつまずきは、あとでふりかえると、「もう二度とあんな体験はしたくない」と思う一方で、「あの体験があるからいまがある」と感じることもあるのではないでしょうか。

人生、何が失敗で、何が成功かはわかりません。そして、失敗はいくらしてもいいと私は思っています。大切なのは、そのあとです。

◉進路の話に拒絶反応を示す子

不登校の子どもが進路問題に直面したとき、「進路に関心を示さない」「進路の話を拒絶する」といったことがよくあります。

「進路に関心を示さない」子どもの場合、その根底には、「自信のもてなさ」「頑張れなさ」があります。ただし、不登校になる前は頑張れていたのであれば、いまは先々のことが考えられない状態なのかもしれません。そんな子を目の前に座らせて、進路についてどう思っているのか問いつめても逆効果になりがち。それよりも、いまその子が進路選択でひっかかっていること、不安や心配なことについて、丁寧に向き合うことが必要です。

一方、「進路の話に拒絶反応を示す」場合は、親のほうの緊迫感が強すぎるのかもしれません。親が「絶対に中退は避けなければ……」とか「高校に進学できないと人生アウトだ」など、不安で頭がぱんぱんになっていると、子どもはその不安に反応して進路の話に耳を閉ざします。

子どもが不安なときに、それに輪をかけて親が不安になっていたら、ますます不安が高まり、子どもは身動きがとれません。進路の話をしようとすると部屋に閉じこもる、荒れるというときは、まず親自身の心の中に不安がないかどうか、そちらをチェックする必要があるでしょう。

進路の選択は確かに一大事ですが、人はけっこう〝風に吹かれて〟生きているものです。自分だって、そんなに子どもに誇れるような生き方をしてきたわけじゃないよな、とちょっと胸に手を当ててふりかえってみてください。

子どもたちは、まだまだいくらでもやり直しのきく年齢です。「たくさん失敗しなさい」という心持ちで進路の話ができるといいですね。

◉学力にそぐわない進路を希望する子

いまの自分の学力をかえりみず、「レベルの低い学校には行きたくない」「私立から公立に転校するなんてありえない」などと主張する子も少なくありません。本当の意味での自信がなく、誇れる自分が見当たらないために、「レベルの高い学校」という属性をプライドにして自分を保とうとしているのです。

もし子どもが学歴などで人を馬鹿にしたら、親はその評価とは違う視点から、その人を評価してみせることをくりかえしてください。また、子どものいいところとして、「やさしさ」「かわいさ」「けなげさ」「真剣さ」など性格の部分をほめ、人に対する評価基準をさまざまに広げる工夫が必要です。

（小林正幸）

Episode

「勉強をする意味がわからない」
「高校へは行かない」とか、
そのくせ「大学で好きなことを
勉強したい」とか、
言うことが支離滅裂。

「中学3年の2学期になっても進路の話ができない」「何を考えているのか……」と嘆くお母さん。在籍しているのは私立の進学校。入学後、1年の夏休み明けからまったく学校に行っておらず、家でも勉強は一切しない。

答えを求めないやり方で、さりげなく情報を投げかける

不登校の子どもたちの多くは、進路選択といっても「何から手をつけたらいいのか」「どんな選択肢があるのか」さえよくわかっていません。だから、「自分に行ける学校があるのか(行けないに決まっている)」と不安にかられ、進路について考えるのが怖くて支離滅裂なことを言いだしたりします。

そんな子どもにイライラして神経をすり減らすよりも、とりあえず進路情報については、親が動いて資料を集めたり、学校説明会などに出向いたほうが現実的です。ただし、その情報を子どもに突きつけて、「ここはどう？ こっちは？」「行くの？ 行かないの!?」と迫っても、おそらく答えは返ってきません。

◉子どもだって「そろそろ考えなくちゃ」と思っている

ここはタイミングが肝心です。子どもの気持ちが安定しているときをみはからって、「こんな学校があるらしいよ」「こんな学校を見学してきたよ」とさりげな

くつぶやいてみる、学校のパンフレットを目につくところに置いておくなど、答えを求めないやり方で情報を投げかけてみましょう。

すぐに動きだすことはないと思いますが、節目の時期が近づくと、実は本人も「そろそろ考えなくちゃ」と思っているので、こっそりそのパンフレットをのぞいたり、お母さんがつぶやいた学校をネットで調べたりしはじめます。そして、だんだんと「その学校を見に行ってみようかな」という話になってきます。

いきなり、「学校見学に行こう」「行ったほうがいい」とひっぱり出すのではなく、少しずつ情報を出して子どもの反応を見ながら、子どもに動きがあったときに、「じゃ、一緒に行こうか」という流れのほうが無理がありません。

なお、学校の情報を提供するときには、ふだん情緒的な面でかかわることの多いお母さんが相手だと難しい場合もあります。かわりにお父さんに提案してもらったり、学校の先生に伝えてもらうと、案外すんなりいくことも多いようです。

（齊藤真沙美）

Episode

「中3の4月から再登校を始めたが、5月になってまた行けなくなった。スクールカウンセラーが言うように、無理にでも行かせたほうがいいの？」

中学1年の3学期から学校に行けなくなった女の子のお母さん。本人の意思で再登校を始めたが、3日間通ったものの、その後は週1日にペースダウン、5月からまた行けなくなった。

「スクールカウンセラーはそう言うけれど、私は本人が動きだすのを待ちたいと思って迷っています。娘とはずいぶん話し合える関係になっていて、進学のこともよく話題にのぼります」

残りの時間は、高校進学の準備期間と考える

再登校を開始するのが少し早すぎたのかもしれませんが、この女の子とお母さんがとてもいい関係で、進学のことも話し合えているようですから、落ち着いたいい状態にあると思います。

それなのにこの段階で、スクールカウンセラーが「無理にでも行かせたほうがいい」と言う理由がよくわかりません。

一方、お母さんは動きだすまで待ちたいと思っていて、そのはざまで「本人の気持ちはどうなのか」という部分が抜け落ちているわけですが、子どもの気持ちに寄り添っているのはお母さんのほうである気がします。

すでに中3ですから、無理に再登校させる必要はないと思います。高校進学を再スタート地点と考えて、中3の間はその準備期間ととらえたほうがいい。その中で余裕がありそうだったら、少し学校に行ってみたり、好きな行事に参加したりという感じで十分ではないでしょうか。

（霜村麦）

Episode

「新学期や進級のたびに
頑張って再登校するが、
1カ月も続かず、
不登校をくりかえしている。
本人は「中学は捨てて、
高校から新しくやり直す」
「楽しい高校生活を送りたい」と
言うが、また頑張りすぎて
つぶれてしまうのではと不安。」

中学3年の男の子のお母さん。
「親としては、支援体制の整った通信制高校がいいと思うのですが、本人は自分を不登校とは認めず、全日制の普通科高校を希望しています。高校で、また不登校にならないためにはどうしたらいいのでしょうか」

目標は「不登校にならないようにする」こと？

不登校から再登校して、また不登校になって、また行きだして……という状態をくりかえしているとき、親は「また行けなくなるんじゃないか」と心配でたまりません。しかし、私は反対に、行けなくなっても「また行くんじゃないか」と考えます。その子をずっと見ていると、たとえ調子を崩したとしても、また頑張ろうと思える力がその子にあることがわかってくるからです。

元気になって崩れて、また元気になって崩れてという状態が続くと、どうしても崩れたときのほうが気になると思いますが、1回目と2回目では崩れ方が違うし、崩れたときの本人の受けとめ方、立て直し方も上手になっていきます。最初は全身傷だらけでボロボロだったのが、2回、3回と経験するうちに、「自分を守るために休む」方法を身につけるようになるからです。

親が「もう二度と不登校になってほしくない」と思うのは当然です。しかし、不登校の問題を考えるとき、「もう絶対に不登校にならないようにしよう」を目標にすることは現実的ではありません。なぜなら、人は生きているかぎり必ずつらいこと、うまくいかないことにぶつかるからです。そのとき「不登校にならないように」ではなく、それを受けとめられる力をどうつけていくか。それを目標にしてみたらどうでしょうか。

進路について、親は「通信制のほうがいい」、本人は「全日制高校がいい」と、親子間で考え方のズレが起こっていますが、こういうときこそ子どもとじっくり話ができるチャンスです。

「みんなと同じ高校でやり直したい」というのは、本人なりにいろいろ考えて出した方向性です。それに対して、「あなたは不登校なんだから、こういう学校に行ったほうがいいんだ」と親の論理を押しつけると、「なぜ親は自分の気持ちをわかってくれないんだ」というやりとりになりやすい。

そんなとき親としては、「こういうことが心配だから、〇〇のような学校のほうがやっていけそうな気がするんだけど、どう思う?」といった話し合いができる関係をつくっていけたらいいなと思います。

（海野千細）

Episode

「中学受験の塾通いに疲れ果て、塾にも学校にも行けなくなった男の子。「勉強はもうやりたくない」「自分にはなんの取り柄もない」と一日も登校していない。」

小学3年の冬から大手進学塾に通いはじめたが、5年の冬に気力が続かなくなり、「塾をやめたい」と言いだした。同時に学校にも行きしぶるようになり、6年の2学期から完全に行けなくなった。現在、中学1年。

「結局、受験はあきらめ、地元の公立中に入りましたが、まったく行っていません。昨年に比べればだいぶ落ち着きましたが、いまも外出はできません」(お母さん談)

Episode

「第一志望の高校に落ちたショックで
登校できなくなった女の子。
必要があれば外出もし、
習い事や塾にも通っているが、
口数は少なく、表情も暗い。」

大学付属の女子高に、入学式から5日登校しただけで行けなくなった。その高校は実は第一志望ではなく、いちばん行きたかった高校に落ちたショックが大きかったのかもしれない、とお母さんは言う。「本人が元気になり、前向きになるために何をすればいいのでしょうか」。

ネガティブな感情を表現できるように手助けする

私はよく子どもたちに、「25歳になったとき、どんなふうにしていたい？」と聞くところから相談をスタートさせます。

「大学を出て仕事に就いて、一人暮らしをしていたい」と答えたら、「じゃあ、それに向かって、いまどんなふうに過ごしたらいいかな？」と問いかけ、現在の過ごし方を一緒に考えたりします。

この女の子の場合も、エネルギーを回復して自分をきちんと確立し、社会に出て生き抜いていく女性になるために、いまの学校に戻る必要があるのか、それとも別の道を選んだほうがいいのかを考えていかなければなりません。

◉干渉は最小限に、会話はいつもどおりに

この女の子は、受験に失敗したショックやつらさを、いま、ようやく不登校というかたちで表現できるようになったところです。この時期の親のかかわり方と

しては、「干渉は最小限に」、でも、「あいさつや声かけ、ふだんの会話はいつもどおりに」を心がけてください。そして、できるだけ揺れずにどっしりかまえて、態度も白黒はっきり、「それならこうしよう」「こうすればいいんだよ」と考えを明確に打ち出すようにしてください。

感情をうまく言語化できないために ギリギリまでため込んで一気に爆発するという状態が起きている場合は、日ごろから、子どもが「こういうことがあったんだよ」と言ったとき、「それは悔しかったね」「悲しかったね」「寂しかったね」というように、親が子どもの感情を読みとって伝えてあげるといいでしょう。親のほうから何か話をするときも、「○○さんがこんなことしたんだよ。すごく腹が立った」と自分の感情をつけ加えるようにしてください。

感情というものは、その感情とぴったりくる言葉として表現することで、はじめて発散できるものであり、言語化できないとストレスがたまる一方です。言葉で表現できるようになると、一時的に感情がワーッと出てきて混乱状態になることもありますが、短期間でおさまることが多いものです。そこをなんとか乗り切ってこの時期を過ごしてほしいと思います。

（霜村麦）

Episode

「学校から「留年か退学か」と迫られて、親も子も悩んでいる。本人は「いまの学校に戻って高校1年をやり直したい」と言うけれど……。」

県内有数の進学校に入学後、高校1年の5月から学校に行けなくなった男の子のお母さん。休みはじめて約半年、学校から「もう2年に進級できません。留年か退学か決めてください」と言われた。親としては、学力を含めてもっと子どもに合った高校に転校したほうがいいのではと思っている。

新しい学校で再スタートを

留年というかたちで高校1年をもう一度やり直すのは、できれば避けたほうがいいと思います。かつての同級生がひとつ上の学年にいるわけですから居づらさを感じる子も多く、再び行けなくなってしまう可能性が高いからです。

もちろんそんなことを気にせず頑張っている子もいますが、それには本人の強い意志や友人関係に恵まれるなどの条件が必要になります。

不登校のきっかけは、学校の友人関係や勉強でのつまずきなど学校内の問題が8割以上を占めるといわれています。学校内にきっかけがあると、また同じ学校に戻ってもうまくいかないことがほとんどです。心機一転、新しい学校で再スタートを切ることが、回復のきっかけになることも多いのです。

◉あせって退学せず、いまの学校に在籍したまま転校先を探す

しかし、残念ながら、不登校の生徒が転校することは現実問題としてなかなか

厳しい状況にあります。

一般の全日制高校では、公立も私立も転校（転入と編入があります。詳しくは158ページ参照）の時期は学期単位で、学期の途中から転校することはできません。また、応募の条件として、引っ越しによって転校が必要になった生徒や海外から帰国した生徒しか認めない学校もあり、私立の場合はそもそも転校の受け入れをしていない学校もあります。

一方、通信制高校の場合は、学期の節目にかかわらず、随時転校することができます。ただし、受け入れの締め切り日は学校によって異なりますので、必ず志望校に問い合わせましょう。

なお、現在の学校をいったん退学してしまうと、中退時の学年の単位は修得し終えていないため、もう一度その学年を4月からやり直すことになります。あせって退学せず、現在の学校に籍を置いたまま転入先を探すことが大切です。

いまは不登校の子どもたちの進路にも、いろいろな選択肢が増えてきました。自分に合った学校がきっと見つかります。あきらめないで！

（荒井裕司）

高校を転校しようかなと思ったら

転入と編入の違い

ひと口に「転校」といっても、高校の場合は「転入」と「編入」の2つがあり、その内容に大きな差があります。

転入（転入学）

高校に在籍している生徒が別の高校に移ること。転入先の高校では、前の高校と同学年・同学期から学習を続けることができる。

編入（編入学）

高校を退学してから別の高校にあらためて入り直すこと。編入先の高校では、退学時の学年をもう一度4月からやり直すことになる。そのため、転校先が決まるまで退学しないことは重要なポイントとなる。

応募資格（全日制の場合）

私立

❶――転勤・転居による一家転住者
❷――海外帰国
❸――条件なし

＊「❸条件なし」で受け入れてくれる高校は少ない

公立

区分❶――転勤・転居による一家転住者または、入学日までに本人と保護者の住所が志望校のある都道府県内にあること
区分❷――区分❶以外で、介護、病気療養、出産、離婚調停中、海外赴任など、家庭に特別の事情が認められる場合

＊各自治体により状況は異なるが、基本的にはほぼ同様と考えてよい。詳しくは、転校先として希望する高校に直接問い合わせを。

全日制高校への転校は狭き門

全日制公立高校の転校生の募集は、学期ごとに行われるのが一般的です。ただし、その高校に欠員がない場合は募集も行いません。また、募集枠があっても数名のみで倍率はかなり高く、不合格になる可能性もあります。

具体的な日程は自治体や学校によっても異なるため、志望校に直接問い合わせましょう。私立高校の場合は、月初めの募集や随時入学可能なこともあります。

	[第一学期] 転入・編入募集	[第二学期] 転入のみ募集	[第三学期] 転入のみ募集
募集状況の発表	3月上旬	7月上旬	11月下旬
入学願書の受付	3月中旬	8月上旬	12月上旬
試験日	3月中旬	8月中旬	12月上旬
入学の時期	学年の初め	第二学期の初め	第三学期の初め

参考：東京都教育委員会ホームページ　https://www.kyoiku.metro.tokyo.lg.jp

全日制高校と通信制高校の受け入れ方の違い

このように全日制高校では、公立・私立ともに転校生の受け入れは非常に厳しい状況にあります。これは、ほとんどの全日制高校が「学年制」[★1]をとっており、学期ごとの受け入れしかできないことも一因となっています。

一方、通信制高校はほとんどが「単位制」[★2]であり、また出席日数にとらわれないため、いつでも自分のタイミングで転校することができます。転入試験についても、多くの通信制高校では書類審査・面接・作文などを中心に合否を判断しており、希望すればほとんどの場合、入学できます(一部の通信制高校では学力検査を行う場合もあります)。

★1　学年制――学年ごとに修得しなければならない単位数が決まっており、ひとつでも単位を落とすと進級できない(留年)。学期末の試験結果と出席日数によって修得単位が決まる。

★2　単位制――高校3年間をかけて卒業要件の74単位を取ればよいので、留年という概念がない。レポート・スクーリング・テストの3つによって単位認定される。

Episode

「頑張って入学した学校だから やめたくない。 別の高校に行くとしても、 通信制とかありえない。 全日制以外は高校じゃないから。」

中高一貫校で中2の夏休み明けから学校に行けなくなった女の子。中3になり、高校進学について親子で話し合うも、本人はいまの学校をやめることに強い抵抗を示し、「別の高校に行くとしても、全日制じゃないとダメ」と譲らない。

「いまの学校で高校に進んでも授業についていけないのは明らかだし、全日制を受験するのも難しい状況ですが、親として、その厳しい現実を娘に突きつけることができずにいます」(お母さん談)

大事なのは「入れる」より「通える」

「（不登校だったけれど）全日制の高校に行けそうです」とお母さんから言われることがあります。よかったと思う一方で、それが最終目標のように語られることには違和感を覚えます。最終目標は「社会的自立」であり、高校進学はそのワンステップにすぎないと考えているからです。

不登校の子どもたちの進路選択では、「入れるか」より「通い続けられるか」という視点が重要です。その子が入れる学校の中で、どの学校なら自分のペースで通い続けられそうか。学校や生徒の雰囲気、規模、通学電車は自宅から上りと下りのどちら方面か、卒業後に希望の進路に進めそうか、先生のサポートは手厚いかなど、「入れるか」のほかに考慮すべき点はたくさんあります。

それはときに学校のネームバリューよりも優先されるべき事柄です。通い続けることで子どもは成長し、社会的自立に近づきます。真にわが子のためになる進路を一緒に考えてあげたいものです。

（小栗貴弘）

通信制高校のメリット、デメリット

通信制高校というと、家で教科書や補助教材を使ってひとりで勉強するというイメージがありますが、最近は「通学型」の通信制高校も増えてきました。

従来の通信制高校は、家庭での学習を基本にして定期的にレポートを提出し、月2回程度の登校（スクーリング）をするスタイルですが、「通学型」の場合は、全日制のように週5日通学したり、週1〜4回通うなど、いろいろな通学スタイルの学校があります。「通学型」といっても、レポート提出とスクーリングさえしっかり押さえておけば、出欠は問われません。

自分のペースで学習できるので、不登校を経験した生徒はもちろん、働きながら高卒資格をとりたい人、芸能活動やスポーツ選手としての活動と学業を両立させたい人にも適しています。部活や体育祭、文化祭などの学校行事も活発で、全日制と変わらない高校生活を経験できるのも魅力のひとつです。

一方、通学型ではない通信制高校の場合、自学自習の生活が基本になるため、定期的なレポート提出に向けた計画性・持続性のある学習習慣や自己管理が重要になってきます。他人の目がないだけに、規律ある生活に慣れていない人の場合は途中でやめてしまうことも少なくありません。

そうしたデメリットに着目し、サポート校★が独自に通信制高校を設立するケースも増えてきました。出席日数にとらわれない通信制の学習スタイルと、サポート校の学習支援のノウハウの両方を兼ね備えた、新しいタイプの通信制高校として注目を浴びています。

ひと口に「通信制高校」といっても、学校の規模、学習環境、校風、不登校を経験した生徒への支援体制もさまざまです。実際に学校見学に出向いて各校の特徴を見比べながら、自分に合った学校を探すとよいでしょう。

（荒井裕司）

★サポート校——通信制高校との併習によって高校卒業資格を取得できる民間の教育機関。ふだんの授業や学校行事、通信制高校のレポート作成などの教育活動はサポート校で行い、スクーリングや定期試験などは通信制高校で行う。

Episode

「中学校に入学する前に、学校側に事情を話して相談したいのですが、夫は「特別扱いされたらかわいそうじゃないか」「何も言わないほうがいい」と言い張ります。」

小学5年から学校に行けなくなった男の子のお母さん。

来年から地元の中学校に進学するが、「また行けなくなるんじゃないか」と気が気でない。学校に相談に行こうと夫を誘っても、「あまりうるさいことを言うとモンスターペアレンツと思われて、かえって関係が悪くなる。息子のためにもならない」と言うばかり……。

入学前に親がやっておきたいこと

このお父さんは「特別扱いされたらかわいそうだ」と思っているようですが、1〜2年の不登校期間を経て中学校で復帰するとしたら、「特別扱い」が必要な状態です。支援が必要な子どもに対して支援体制を整えるのは当然のことです。

4月から中学校に入学する場合は、小学校の了解を得て、2月下旬から3月初旬、つまりクラス分けが決定する前に、できれば両親揃って学校に出向いて、あいさつがてら事情（これまでの経緯や現在の状態）を話すといいでしょう。

相談事としては、「子どもの親しい友だちと同じクラスにしてもらえないか」、そして、「不登校に理解のある担任の先生をつけていただくとありがたい」と伝えるようにします。たとえば男性教師に拒否感があるなら、「女性の担任にしていただけないか」などと頼んでみましょう。願いがすべて聞き入れられるかはわかりませんが、ダメもとで頼んでみて、その結果、ひとりでも仲のいい友だちがクラスメートになれば、どんなにスタートが心強いかしれません。

（小澤美代子）

入学後に気をつけたいこと

入学後に注意すべきこととして、まず、友だちづくりの問題があります。不登校経験のある子は、友人関係で傷ついていることが多いために臆病になっていて、なかなか友だちができない傾向にあります。

私は、よく「入学してから3日間が勝負よ！」と冗談ぽくアドバイスします。友だちといってもたくさんは必要ない。ひとりいれば十分です。だから、「入学式が終わって教室で席についたら、やさしそうで親切そうな人を見つけるんだよ。そして、その人にどこの中学校（または小学校）から来たの？と聞くんだよ」と伝えています。

「3日間が勝負」とは、2～3日のうちにクラス内がいくつかのグループに分かれて、どのグループからも外れてしまうことがよくあるからです。クラスに誰も話す人がいない状態が3日、4日……と続くと、本当に学校に行きにくくなってしまいます。しかし、人間関係に苦手さを抱える子に向かって、「友だちをつくりなさい」などと抽象的なアドバイスをしても動けません。だから、「どこの中学校（小学校）から来たの？と聞くんだよ」と具体的なやり方を示すわけです。

そんなふうにして、なんとか1日、2日と乗り切っていければ、クラス内で居場所が見つかり、安心して通えるようになる可能性も高いと思います。

◉帰宅後の様子に気をつける

入学後は、学校から帰ってきたときの子どもの様子に注意してください。

帰宅するなり、ひと言もしゃべらず、自分の部屋に直行して布団にもぐってしまうようなら、あっぷあっぷの状態です。子どもにそれ以上負担をかけないように勉強は二の次にして、とにかく家では休養をとること、楽しく過ごすことだけを考え、学校につなげるようにしましょう。

反対に、毎日楽しそうに帰ってきて、学校での出来事をあれこれ報告するような場合は、「あまり無理しないでね」と、ややブレーキをかける感じでサポートしてください。不登校だった子が学校に復帰すると、どうしても頑張りすぎてしまうことが多いので、少し後ろにひっぱるくらいがちょうどいいと思います。

◉入学後に通えなくなったら

もし入学直後につまずいて登校できなくなり、4月、5月と過ぎてしまった場合でも、いまは受け入れてくれる学校がいろいろあります。

高校の場合、進級できなくなるボーダーラインは欠席日数が年間出席日数の3分の1を超えるあたりですから、年間60日くらい休むと進級が難しくなります。4月からずっと休んでいるとすると、6月末くらいに進級できるか否かのボーダーラインがやってきて、これを超えると全日制高校への転校(転入)は非常に難しくなります。

ただし、この時点でも、通信制や定時制、サポート校に転入するとか、高等学校卒業程度認定試験★を受けるなど、いくらでも道はあります。

(小澤美代子)

★高等学校卒業程度認定試験(高認)——高校を卒業していない人に対し、「高校を卒業した人と同等以上の学力があることを認定する」ための試験。合格すると、大学や専門学校などの受験資格が認められ、各種資格試験などの受験でも高卒者と同等の扱いを受ける。

コロナ禍で激増した不登校——いま求められる支援とは

2020年度の小中学校における長期欠席者数（不登校等により年間30日以上欠席した児童生徒数）のデータに、文部科学省は欠席理由のひとつとして新たに「新型コロナウイルスの感染回避」という項目を設けました（「令和2年度児童生徒の問題行動・不登校等生徒指導上の諸課題に関する調査結果」）。その際、2万人強を数えたこの項目に関する新聞のインタビューに、私はこう答えました。

「コロナを怖がることは、他人を怖がることでもあり、不登校の心理と紙一重であることを深刻に受けとめるべき」と。そして、このままでは長期欠席は今後激増すると予測し、学会などで警鐘を乱打しました。

翌2021年度のデータで、その予測は残念ながら的中しました。長期欠席の小中学生は全国で41万人を超えたのです。長期欠席は、20年度の出現率3・00％から21年度の4・34％へと、わずか1年で1・45倍に。そして、「新型コロナウイルスの感染回避」による長期欠席は21年度には約6万人となり、なんと出現率2・82倍の激増でした。ここ数年の長期欠席や不登校の増加は、コロナ禍の影響と考えられます。

なぜ不登校は長期化するのか

では、不登校や長期欠席が増える要因を取り除けば、それが減るかというと、そうともいえません。仮にパンデミックがおさまっても、しばらくは増加傾向に歯止めがかからないと考えています。それにはいくつかの理由があげられますが、いちばんの理由は、いったん不登校状態になると問題の解消までに時間がかかるからです。きっかけがなんであれ、本人が思っていた以上に欠席が続くと、不登校を継続させる要因が新たに生じてくるため、きっかけとなった要因が取り除かれても欠席は続きます。

なぜなら、「学校に行かなきゃと思っても行けない」「思いどおりに動けない」という体験をくりかえすことによって子どもは連日傷つき、自信を失うからです。また、欠席が続けば、当然、学業にも遅れが出てきます。さらに、不登校のきっかけは対人関係上のトラブルが相変わらず多いのですが、いまは感染への恐怖が「対人不安」を加速させます。このように、さまざまな要因が不登校解決のためのハードルをますます高めているのです。

これまで以上に重要な「肯定的なかかわり」

「対人不安」が強い子どもへの不登校支援には、どのようなかかわりが必要なのでしょうか。カウンセリングを受けて問題を解消した子どもたち50人の変化と、支援者や保護者のかかわりについてデータを集め、詳細に分析したことがあります。

その結果、子どもの「対人不安」を軽減するには、保護者の「肯定的なかかわり」を増やすことがもっとも効果的であることが明らかになりました。支援者のかかわり以上に、保護者のかかわりの変化が影響するのです。

保護者の「肯定的なかかわり」とは、たとえば、「わずかな改善を認め、喜ぶ」「子どもが自分の不快な感情を言葉で表現できるように手伝う」「子どもと日常会話をする」「子どもの好きなこと、得意なことを共有する」ことでした。

本書で、長年、不登校の子どもたちにかかわってきた専門家の方々が一貫して伝えているメッセージもまた、親の子どもに対する肯定的なかかわりであるといえます。そして、コロナ禍に見舞われた現在の不登校支援でも、これまで以上に肯定的なかかわりが必要になっているように思います。保護者に限らず支援者にとっても、これらのかかわりは対人不安の強い子どもに接する際の〝一丁目一番地〟です。

本書には、ありがたいことにさまざまなかかわりのヒントがたくさん盛り込まれています。具体的なかかわりや知恵は示唆に富み、魅力的な解決策にあふれています。

しかし、大事なことは技術ではありません。少々間違えても、遠まわりしてもいいのです。不器用でもかまいません。肯定的にかかわろうとする構えや姿勢を守ろうとすることこそが重要なのだと思います。

沢庵禅師の言葉でこのようなものがあります。

「心こそ 心まよはす 心なれ 心にこころ 心ゆるすな」

「心が、心を惑わすのだよ。いいか、おまえさんの心はあっちにこっちにブレるから、しっかり心を管理しておけよ」という意味だといわれます。これを私は、「心がブレないことが大事なのではない。ブレを意識して、心の重心を意識し、元に復することを意識し続けること」と理解し、このことを大切にしたいと思っています。

心がブレるとき、本書をくりかえし読み返していただければと願っています。

東京学芸大学名誉教授　小林正幸

苦しいとき、困ったときの相談窓口

◉スクールカウンセラー――小学校、中学校、高等学校に配置されている、いちばん身近な相談相手。ただし、常駐している学校は限られており、公立ではおおむね週1日程度、なかには週4時間程度や不定期配置という地域もある。

◉教育センター――不登校や発達障害などの教育に関する相談窓口。相談スタッフは、臨床心理士、公認心理師、教職経験者、スクールソーシャルワーカーなど。各都道府県区市町村の教育委員会が設置しており、自治体によって「教育相談センター」「教育総合センター」「教育相談所」「教育相談室」など名称が異なることも。

◉教育支援センター(適応指導教室)――不登校状態にある小中学生(一部高校生も)が仲間と一緒に学習や体験活動に取り組んだり、本人や家族がカウンセリングを受けられるよう、各区市町村の教育委員会等が設置した公的施設。自治体によっては「適応指導教室」とよばれている。

◉発達障害者支援センター――発達障害児(者)への総合的な支援を目的として、都道府県や指定都市が設置した専門機関。発達障害の子どもや家族の相談に対して、保健・医療・福祉・教育・労働などの関係機関と連携して適切な助言と支援を行う。

◉児童相談所、児童相談センター、子ども家庭支援センター――18歳未満の子どもと家族を対象とした福祉行政の相談窓口。不登校、発達障害、子育てやしつけの悩み、子どもの行動上の問題などについての相談に応じている。

◉保健所、精神保健福祉センター――子どもの不登校や成人のひきこもりなどを対象とした保健・医療行政の相談窓口。心の問題、心身の病気が気になる場合、医療機関を受診すべきかどうかなどについての相談に応じている。

◉ひきこもり地域支援センター――不登校が長期化してひきこもり状態になった場合など、ひきこもりに特化した相談窓口。都道府県と指定都市に設置され、本人や家族の相談に対応している。必要に応じて、保健・医療・福祉・教育・労働などの関係機関と連携して支援を行う。

◉民間の相談機関――公的な相談機関は無料だが、民間の場合は有料で料金もまちまち。参考までに、本書のもととなった「登進研」が併設する「登進研相談室」では、初回無料、2回目以降は60分6000円となっている。

◉大学が地域に開いている相談機関――臨床心理士や公認心理師を養成している大学では、「心理相談室」などの名称で地域の人々の相談に応じているところがある。面接室やプレイルームなどが設置され、有料ではあるが大学院生のトレーニングを兼ねていることもあり、料金は民間の相談機関よりも低めに設定されている。

の会☆Wish」を主宰。

小林正幸◉こばやし・まさゆき――専門は教育臨床心理学。筑波大学大学院修士課程教育研究科修了。東京都立教育研究所、東京都立多摩教育研究所研究主事、東京学芸大学心理学科助教授、同大学教育実践研究支援センター教授、同大学特別支援教育・教育臨床サポートセンター教授を経て、東京学芸大学名誉教授。NPO法人元気プログラム作成委員会カウンセリング研修センター学舎ブレイブ理事長。臨床心理士、公認心理師、学校心理士、日本カウンセリング学会認定カウンセラー、カウンセリング心理士および同スーパーバイザー、「登進研相談室」カウンセラー。

齊藤真沙美◉さいとう・まさみ――東京女子体育大学・東京女子体育短期大学准教授。東京学芸大学大学院教育学研究科修了。臨床心理士、公認心理師。東京都の公立小中学校スクールカウンセラー、私立中学校・高等学校スクールカウンセラー、公立教育相談室の主任教育相談員を経て、現職。不登校、発達障害などを含む子どもの学校不適応問題を中心とした学校教育相談のスペシャリスト。

佐藤有里◉さとう・ゆり――都内療育支援センター勤務。東京学芸大学大学院教育学研究科修了。臨床心理士、公認心理師。都内心療内科、小児科クリニック、横浜市南部地域療育センター、横浜市東部地域療育センター、立川市教育委員会巡回相談員などを経て、現職。不登校など二次障害への相談・支援も含め、発達障害(自閉症、ADHD、LDなど)を主とした子どもの相談、家族への相談・支援活動に携わる。また、発達障害の専門家として、乳幼児健診や幼稚園、保育園、学校への相談・技術支援にも携わり、子どもが安心して学び過ごせる環境づくりに努めている。

霜村麦◉しもむら・むぎ――都内私立中学校・高等学校スクールカウンセラー。東京学芸大学大学院教育学研究科修了。臨床心理士、公認心理師。埼玉県と東京都で教育相談員、就学指導相談員、小学校のスクールカウンセラー、児童相談所の心理判定員、児童精神科クリニックのカウンセラーを経て、現職。不登校、発達障害などの相談を中心として、子どもだけでなく、家族や学校関係者を含めた援助活動に力を入れている。

田村節子◉たむら・せつこ――東京成徳大学大学院教授、同大学院心理・教育相談センター長。臨床心理士、公認心理師、学校心理士スーパーバイザー。長年スクールカウンセラーとして活躍。親の援助力を生かし、教師と親が一体となって子どもを援助する“チーム援助”を提唱。子育てやチーム援助に関する著書や論文多数。

執筆者一覧（五十音順）

荒井裕司◉あらい・ゆうじ――学校法人さくら国際高等学校学園長、登校拒否の子どもたちの進路を考える研究会（登進研）代表。長野県上田高校を経て高崎経済大学経済学部卒業。高校再受験の予備校設立、不登校の子どもたちのためのフリースクール設立の後、1992年「東京国際学園高等部」（サポート校）を創立。2005年長野県上田市に教育特区による広域通信制（単位制）高校「さくら国際高等学校」を創立。長年にわたり不登校の子どもたちの心と学びをサポートし、個性を育む教育を実践。登進研代表としてもさまざまな支援活動を行っている。

海野千細◉うみの・ちかし――八王子市教育委員会学校教育部教育指導課心理相談員。早稲田大学大学院文学研究科修士課程心理学専攻修了。八王子市教育委員会学校教育部教育センター教育相談員、その後、同教育センター総合教育相談室長として、全国初の不登校特例校「八王子市立高尾山学園」（小中一貫校）の設立準備委員会委員を務める。特別支援教育等担当主幹、学事課長を経て、現職。昭和女子大学人間社会学部初等教育学科非常勤講師を兼務。

大谷早紀◉おおたに・さき――大正大学人間学部人間福祉学科臨床心理学専攻卒業。公認心理師、特別支援教育士。卒業論文では不登校の児童生徒を対象にインタビューを実施した。公立小学校の教育相談員を経て、現在は公立の教育相談室にて教育相談員として勤務。

小栗貴弘◉おぐり・たかひろ――跡見学園女子大学心理学部准教授。立教大学大学院文学研究科心理学専攻修了。臨床心理士、公認心理師。学生時より学校臨床心理学を専門に学び、不登校の子どもが通う適応指導教室等で実習経験を積む。スクールカウンセラー、立教大学現代心理学部講師、目白大学人間学部心理カウンセリング学科助教、作新学院大学女子短期大学部准教授を経て、現職。

小澤美代子◉おざわ・みよこ――「さくら教育研究所」所長。東京教育大学教育学部心理学科卒業後、高校教諭を経て、千葉県子どもと親のサポートセンター次長兼教育相談部長。在職中、筑波大学大学院教育学研究科修士課程修了。退職後、千葉大学大学院教授を務めたのち、「さくら教育研究所」設立。臨床心理士、学校心理士。

後藤弘美◉ごとう・ひろみ――家族・子育て相談室「ゆずり葉」代表。立教大学文学部心理学科卒業。臨床心理士、認定心理士。わが子の不登校体験、子育てや家族関係の悩みから相談・支援活動を始める。不登校児童生徒の居場所と相談「オープンスクール☆Wish」を開設後、千葉県教育庁「不登校の新しい支援のあり方」検討委員、東京都教育相談センター専門家アドヴァイザリースタッフ、千葉県子どもと親のサポートセンター教育相談研修等の講師などを歴任。現職のほか、「不登校親

[編著]荒井裕司
さくら国際高等学校学園長
登校拒否の子どもたちの進路を考える研究会代表
[監修]小林正幸
東京学芸大学名誉教授

◉登校拒否の子どもたちの進路を考える研究会(略称：登進研)
〒151-0053 東京都渋谷区代々木1-43-8
電話03-3370-4078 | http://www.to-shin-ken.net/
◉登進研相談室
相談日：毎週水曜日10：00〜15：00(要予約)
相談員：小林正幸(東京学芸大学名誉教授)
〒151-0053 東京都渋谷区代々木1-29-5 YKビル3階
「フリースクールゆうがく」内
電話070-2489-9991(月〜金10：00〜16：00)
◉さくら国際高等学校東京校
〒151-0053 東京都渋谷区代々木1-43-8
電話03-3370-0718(代) | https://tokyo.sakura-kokusai.ed.jp/

◉装丁・本文デザイン
小沼宏之
◉装画・マンガ・イラスト
おちゃずけ
◉編集協力
(株)あどらいぶ企画室
土田正文　武井真弓
◉校正
濱口静香
◉編集担当
平野麻衣子(主婦の友社)

不《ふ》登《とう》校《こう》の歩《ある》き方《かた》

2023年4月30日　第1刷発行
2023年7月20日　第2刷発行

編　著——荒《あら》井《い》裕《ゆう》司《じ》
監　修——小《こ》林《ばやし》正《まさ》幸《ゆき》
発行者——平野健一
発行所——株式会社主婦の友社
〒141-0021
東京都品川区上大崎3-1-1 目黒セントラルスクエア
電話 03-5280-7537[内容・不良品等のお問い合わせ]
049-259-1236[販売]
印刷所——大日本印刷株式会社

©Yuji Arai 2023　Printed in Japan

ISBN978-4-07-454050-1

◉本のご注文は、お近くの書店または主婦の友社コールセンター(電話 0120-916-892)まで。
＊お問い合わせ受付時間 月〜金(祝日を除く)10:00〜16:00
＊個人のお客さまからのよくある質問のご案内 https://shufunotomo.co.jp/faq/

R〈日本複製権センター委託出版物〉
本書を無断で複写複製(電子化を含む)することは、著作権法上の例外を除き、禁じられています。本書をコピーされる場合は、事前に公益社団法人日本複製権センター(JRRC)の許諾を受けてください。また本書を代行業者等の第三者に依頼してスキャンやデジタル化することは、たとえ個人や家庭内での利用であっても一切認められておりません。
JRRC〈https://jrrc.or.jp　eメール：jrrc_info@jrrc.or.jp 電話：03-6809-1281〉